COLLECTION MICHEL LÉVY

ŒUVRES COMPLÈTES
D'ÉMILE SOUVESTRE

ŒUVRES COMPLÈTES
D'ÉMILE SOUVESTRE
PARUES DANS LA COLLECTION MICHEL LÉVY

LES ANGES DU FOYER	1 vol.
AU BORD DU LAC	1 —
AU COIN DU FEU	1 —
CAUSERIES HISTORIQUES ET LITTÉRAIRES	3 —
CHRONIQUES DE LA MER	1 —
LES CLAIRIÈRES	1 —
CONFESSIONS D'UN OUVRIER	1 —
CONTES ET NOUVELLES	1 —
DANS LA PRAIRIE	1 —
LES DERNIERS BRETONS	2 —
LES DERNIERS PAYSANS	1 —
DEUX MISÈRES	1 —
LES DRAMES PARISIENS	1 —
L'ÉCHELLE DE FEMMES	1 —
EN FAMILLE	1 —
EN QUARANTAINE	1 —
LE FOYER BRETON	2 —
LA GOUTTE D'EAU	1 —
HISTOIRES D'AUTREFOIS	1 —
L'HOMME ET L'ARGENT	1 —
LA LUNE DE MIEL	1 —
LE MAT DE COCAGNE	1 —
LE MÉMORIAL DE FAMILLE	1 —
LE MENDIANT DE SAINT-ROCH	1 —
LE MONDE TEL QU'IL SERA	1 —
LE PASTEUR D'HOMMES	1 —
LES PÉCHÉS DE JEUNESSE	1 —
PENDANT LA MOISSON	1 —
UN PHILOSOPHE SOUS LES TOITS	1 —
PIERRE ET JEAN	1 —
RÉCITS ET SOUVENIRS	1 —
LES RÉPROUVÉS ET LES ÉLUS	2 —
RICHE ET PAUVRE	1 —
LE ROI DU MONDE	2 —
SCÈNES DE LA CHOUANNERIE	1 —
SCÈNES DE LA VIE INTIME	1 —
SCÈNES ET RÉCITS DES ALPES	1 —
LES SOIRÉES DE MEUDON	1 —
SOUS LA TONNELLE	1 —
SOUS LES FILETS	1 —
SOUS LES OMBRAGES	1 —
SOUVENIRS D'UN BAS-BRETON	1 —
SOUVENIRS D'UN VIEILLARD, la dernière étape	2 —
SUR LA PELOUSE	1 —
THÉÂTRE DE LA JEUNESSE	1 —
TROIS FEMMES	1 —

EN BRETAGNE

PAR

ÉMILE SOUVESTRE

PARIS

MICHEL LÉVY FRÈRES, LIBRAIRES ÉDITEURS
RUE VIVIENNE, 2 BIS, ET BOULEVARD DES ITALIENS, 15
A LA LIBRAIRIE NOUVELLE

—

1867

Tous droits réservés

EN BRETAGNE

KEMPER

LA VILLE D'IS

A peine avez-vous quitté la petite ville de Châteaulin, que vous voyez s'élever au loin devant vous des collines qui se succèdent comme les degrés d'un escalier de géants. Franchissant tous ces degrés, vous traversez des plateaux couverts de sarrasin en fleurs, des buttes ombragées, des hauteurs tapissées de bruyères; vous montez, vous montez toujours, puis enfin, arrivé au sommet le plus élevé de cette sierra armoricaine, vous vous arrêtez. Au nord se dessinent les côtes escarpées du *village du Regard* (Plou-ar-zel), et, bien plus loin, derrière le dôme de vapeurs qui couvre le grand port breton, Brest! A droite s'étend la baie de Douarnenez, avec ses rivages dentelés, ses longs promontoires et ses hautes vagues frangées d'écume ; à gauche, sous l'ombre des crêtes décharnées de l'Arhès serpente le val profond qu'arrose la *rivière de la Peur* (l'Aon); enfin, à vos pieds se déploie une pente boisée qu'entrecoupent les champs de blés mûrs et les vergers chargés de fruits. Si, de ce côté, vous regardez au fond de la vallée, vous reconnaissez à ses clochers aigus, à ses remparts tapissés de lierre, à ses maisons grises presque voilées par les arbres, la vieille et noble capitale de la Cornouaille armoricaine, Kemper, dont l'histoire a été tour à tour légende, chronique, drame, et que trois vers d'un fabuliste ont failli découronner de sa poétique auréole.

L'époque de sa fondation est inconnue ; cependant quelques antiquaires ont cru qu'elle était la continuation de *Corisopitum*, la capitale des *Corisopites*, où les Romains avaient fondé un grand établissement militaire. Un des faubourgs de Kemper, celui de Locmaria, est encore jonché de débris de briques et de poteries romaines. Tout récemment on a découvert, non loin de là, au château de Poulquinant, des médailles de Marc-Aurèle. Repeuplée ou reconstruite par les Armoricains, après l'expulsion de leurs oppresseurs, *Corisopitum* reprit son premier nom : elle fut appelée *Kemper*, mot formé de la particule *kem* (avec), et de *per* ou *ber*, radical du verbe *bera* (couler), la ville étant située au point de jonction de l'Odet et du Stheir. On la nomma même longtemps *Kemper-Odet*, pour la distinguer de *Kemper-Ellé*, bâtie au confluent de l'Isole et de l'Ellé.

On sait peu de chose sur l'histoire de Kemper (nous ne pouvons nous résoudre à écrire Quimper), avant la naissance de saint Corentin, vers l'an 375. C'était l'époque où les Bretons brisaient le joug de la domination romaine, qui avait pesé si longtemps sur eux. Élevé par ses parents dans la religion chrétienne, Corentin ne prit aucune part à cette lutte, et se consacra, dès ses jeunes années, au service du Christ. Il construisit au pied du Ménéhom, à quelques pas de la mer et sur le bord d'une fontaine, un ermitage où il passait les jours et les nuits en prière. Dieu lui-même pourvoyait à sa nourriture. « Il envoya, » dit Albert le Grand, « un petit poisson dans sa fontaine, lequel tous les matins se présentait au saint, qui en coupait une pièce pour sa pitance, et le rejetait dans l'eau, où tout à l'instant il se trouvait entier, sans lésion ni blessure. »

Saint Corentin ne quittait sa retraite que pour travailler à la conversion des habitants de Kemper et des peuples de la contrée environnante, presque tous idolâtres. Un soir qu'après une journée de fatigue l'apôtre était en oraison dans son ermitage, il entendit retentir sur la lisière de la forêt de Nevet le son des trompes de chasse, les aboiements des chiens et un grand bruit de chevaux; étonné, il courut à la porte de sa cabane, et aperçut, aux dernières lueurs du jour, une troupe de chasseurs vêtus de soie et d'or, parmi lesquels il reconnut Gradlon, roi de Cornouaille. Celui-ci s'était égaré, et venait demander l'hospitalité au saint, qu'il ne connaissait que sur sa renommée. Comme la chasse avait aiguisé la faim du prince et de ses gens, Corentin alla à sa fontaine, « et le petit poisson s'étant présenté à luy, il en coupa une pièce et la donna au maistre-d'hostel du roy, lui disant qu'il l'apprestat pour son maistre et les seigneurs de sa suite. Le maistre d'hostel se prit à rire, disant que cent fois autant ne suffiroit pour le train du roy. Néanmoins, contraint par la nécessité, il prit ce morceau de poisson, lequel (chose étrange!) se multiplia de telle sorte, que le roy et toute sa suite en furent rassasiés. » Gradlon voulut voir le poisson, qui, plein de vie, nageait dans la fontaine. Ravi de ce miracle, le prince se prosterna aux pieds de Corentin, proclama qu'il était l'élu du vrai Dieu, et lui donna toute la forêt de Nevet, ainsi qu'un château bâti en Plou-wodiern, dont le saint fit un monastère. Cependant il continuait ses prédications, et sa réputation devint telle, que tout le peuple de la Cornouaille, converti au christianisme, demanda pour lui l'érection d'un évêché à Kemper. Le roi Gradlon l'envoya en conséquence à Tours pour être sacré par saint Martin; puis, lui ayant donné son propre palais pour demeure, il se retira à la ville d'Is, qui était voisine, et Kemper-Odet prit le nom de *Kemper-Corentin*.

La ville d'Is est un de ces mille problèmes que le passé semble proposer par ironie à la science du présent. Les légendes nous donnent à peine quelques détails sur sa situation, son étendue, la cause de sa ruine; mais la tradition populaire nous apprend que c'était une grande cité enrichie par le commerce, embellie par les arts, et si importante que l'on crut honorer la vieille Lutèce en l'appelant *Par-is*, c'est-à-dire l'égale de la ville bretonne.

Bâtie dans ce vaste bassin qui forme aujourd'hui la baie de Douarnenez, elle était défendue contre l'Océan par une digue puissante, dont les écluses ne livraient passage qu'à la quantité d'eau nécessaire aux habitants. Gradlon présidait lui-même, chaque mois, à l'ouverture de ces écluses; la principale s'ouvrait au moyen d'une clef d'argent qu'il portait toujours suspendue à son cou. Le palais du roi était une des merveilles de la terre; le marbre, le cèdre et l'or y remplaçaient le chêne, le granit et le fer. C'était là qu'il vivait au milieu d'une cour brillante, à laquelle présidait sa fille Dahut ou Ahès ; or cette princesse était alors l'Honoria de l'Armorique. Comme la fille de Valentinien, « elle s'était fait une couronne de ses vices, et avait pris pour pages les sept péchés capitaux. » Prévenant, dans ses monstrueuses inventions, la Marguerite de Bourgogne de la tour de Nesle, elle faisait conduire chaque soir, au fond de sa retraite, quelque jeune étranger qu'un homme noir lui amenait masqué. Le temps s'écoulait en folles orgies jusqu'au point du jour; alors Dahut disparaissait. Le masque remis à l'étranger se resserrait au moyen d'un ressort jusqu'à l'étouffer; et l'homme noir, montant à cheval avec le cadavre, s'enfonçait dans les montagnes pour ne reparaître que le soir. On montre encore dans le *Bois-élevé* (le Huel-goat) un gouffre d'où sortent, dans les grandes eaux, les bruits les plus lugubres; ce sont, disent les pâtres de l'Arhès, les âmes des amants de Dahut qui demandent des prières.

Gradlon avait promis plusieurs fois de punir les crimes de sa fille ; mais l'indulgence paternelle l'avait toujours emporté dans son cœur. Dahut craignit pourtant qu'il ne finît par céder, et elle forma un complot au moyen duquel elle enleva au roi son autorité et la clef d'argent qui en était le symbole. Alors tout tomba dans un inexprimable désordre. Le vieux roi, retiré dans son palais presque désert, y cachait sa douleur. Un jour, comme la nuit approchait, il vit paraître devant lui Gwénolé, le saint abbé de Landévenec, dont les travaux apostoliques consolaient la Cornouaille de la mort de Corentin. « O roi ! » lui dit-il, « hâte-toi de quitter la ville avec tes fidèles serviteurs ; car Dahut a ouvert l'écluse à l'aide de la clef d'argent ; la fureur des flots n'a plus de frein. » Gradlon voulut encore préserver sa fille des suites de sa folle imprudence. Il l'envoya chercher, la prit en croupe sur son cheval, et, suivi de ses officiers, se dirigea vers les portes de la cité. Au moment où il les franchissait, un long mugissement retentit derrière lui ; il se détourna et poussa un cri. A la place de la ville d'Is s'étendait une baie immense sur laquelle se reflétait la lueur des étoiles. Cependant la vague le poursuivait lui et les siens, et, dans cette lutte de vitesse, elle gagnait du terrain avec une effrayante rapidité. Elle avançait, avançait toujours, dressant sa crête frémissante et couverte d'écume. La voilà près d'atteindre le roi et ses serviteurs. Tout à coup une voix lui cria : « Gradlon, si tu ne veux périr, débarrasse-toi du démon que tu portes derrière toi. » Dahut terrifiée sentit ses forces l'abandonner; un voile s'étendit sur ses yeux; ses mains, qui serraient convulsivement la poitrine de son père, se glacèrent et ne lui furent plus d'aucun secours; elle roula dans les flots. A peine l'eurent-ils engloutie qu'ils s'arrêtèrent. Quant au roi, il arriva sain et sauf à Kemper, et se fixa dans cette ville, qui devint définitivement la capitale de la Cornouaille. Ce fut là qu'il mourut, « cassé de vieillesse et riche de mérites. »

Quelques auteurs ont contesté l'existence de ce héros des légendes et de sa ville d'Is. On ne peut douter toutefois qu'une cité puissante n'ait été élevée par les anciens habitants de la Cornouaille dans le bassin de la baie de Douarnenez; outre les chroniques religieuses et les traditions du pays, qui en ont gardé le souvenir, on a découvert sur le sol et jusque sous les flots plus d'un témoignage de ce passé merveilleux. Un petit havre de la côte s'appelle encore *Toul-ar-Dahut*, le gouffre de Dahut. Le chanoine Moreau raconte qu'en 1586 on voyait, à l'entrée de la baie de Douarnenez, des restes d'édifices ayant tous les caractères d'une haute antiquité, et qu'il n'était pas rare de découvrir sur le rivage des cercueils en pierre creusée, comme on en faisait dans les ive et ve siècles, époque supposée de la destruction de la ville d'Is. Il affirme également qu'on y distinguait deux anciennes routes pavées, dont il était facile de suivre le développement, et qui conduisaient, l'une à Kemper, éloignée de neuf lieues, l'autre à Carhaix, située à treize lieues de la baie. Nous regrettons de ne pouvoir citer la description que donne Cambry d'un antique monument dont il étudia minutieusement les ruines pendant son voyage dans cette partie du Finistère. «Il est certain, » ajoute-t-il, «que l'honnête Hervé Chenay, municipal et pêcheur de Douarnenez, trouve à la pointe du Raz des murs à quatre ou cinq brasses de profondeur. Son ancre s'arrête sur ces murs; en la laissant tomber des deux côtés, il en suit la direction sans rencontrer d'inégalités comme cela aurait lieu pour des rochers. Il calcule que ces murs sous-marins ont une hauteur de trois à quatre brasses. Enfin, dans les fortes tempêtes, quand les sables sont enlevés par les fureurs de l'ouragan, on aperçoit, au fond de la baie, de larges troncs d'ormeaux d'une couleur noire et dont la position a une apparence de régularité. »

On nous pardonnera de nous être arrêté à cette légende de la ville d'Is, si intimement liée à l'histoire primitive de Kemper. Gradlon est le premier des souverains de la Cornouaille dont le nom nous soit parvenu; ses moines en ont fait un saint (*mitis ut agnus*). Sous le nom de Galaor, que les poëtes lui ont donné, il est représenté dans les romans de la Table-Ronde comme le modèle de la courtoisie et de la bravoure; l'histoire l'a surnommé *le Grand*. C'était un prince altier et farouche, portant le sceptre d'une main vigoureuse, s'alliant aux Bagaudes contre les Romains, et étendant son empire jusque sur les terres des Franks. Comme nous l'avons dit ailleurs, les pays de Kemper et de Rennes étaient réunis sous son autorité (434-445). Daniel Dremrud et Jean Reith, successeurs de Gradlon, furent des hommes d'un caractère entreprenant et d'un esprit supérieur (680-726). Deux autres Gradlon figurent sur le Cartulaire de Landévenec, précieux manuscrit du xie siècle. On y trouve encore un Budic auquel on a aussi donné le surnom de Grand (690-780).

Du reste, on ne sait à quelle époque ces princes cessèrent de porter le titre de rois; ce fut, sans doute, au temps des invasions carlovingiennes. A leur avénement au trône de Bretagne, dans la seconde moitié du xie siècle, l'autorité qu'ils exerçaient sur la ville de Kemper passa presque tout entière aux évêques, qui, depuis, en furent regardés comme les seigneurs. L'éloignement des princes rendait les empiétements plus faciles. Aidés par la bourgeoisie disposée à préférer l'autorité pastorale à celle d'un suzerain laïque, par la noblesse dont il était membre et par le clergé qui partageait sa puissance, l'évêque de Kemper devint le chef d'une sorte de *commune théocratique* dont les priviléges allèrent chaque jour s'agrandissant ; vers le xiii° siècle, le duc ne levait déjà plus sur la ville d'autres droits que la moitié de la taille, l'amende du sang répandu, du larcin, des duels et des délits de voirie. Étranger à la nomination de l'évêque, dont le choix était laissé au chapitre, il n'étendait point sa juridiction au delà du faubourg compris entre le Stheir et l'Odet. C'était dans cet espace, qui a conservé le nom de *Terre-au-Duc*, que se trouvaient les auditoires des officiers de bailliage et les fourches de justice. Partout ailleurs, l'évêque gouvernait souverainement ; lui seul pouvait accorder le droit de bâtir, de lever l'impôt, et les différends des habitants étaient jugés par lui dans son palais épiscopal. Guy de Thouars ayant voulu, en 1209, commencer quelques constructions contre la volonté du prélat, la Cornouaille entière fut mise en interdit et l'affaire déférée à l'archevêque de Tours, président du concile de Rennes, qui porta un jugement d'après lequel le duc, par un acte authentique, fut forcé de reconnaître *qu'il avait agi injustement*; en conséquence de quoi la maison commencée fut démolie et les matériaux employés, comme expiation, à bâtir l'église de Guéodet.

Longtemps après, un débat du même genre se renouvela à propos d'un droit que Jean de Malestroit, lieutenant de Jean V, voulut établir sur les vins. L'évêque, revêtu de ses habits pontificaux, se rendit au port, suivi de son clergé, et fulmina l'excommunication contre l'officier du duc devant tout le peuple assemblé. Enfin, en 1502, Pierre II ne put construire des fortifications auxquelles l'évêque s'opposait qu'en s'adressant au pape, qui lui permit de passer outre.

Il nous suffira, pour donner idée de la puissance épiscopale, de rappeler ici le cérémonial auquel donna lieu l'entrée d'un évêque, Guy du Bouchet, à Kemper, en 1480. En quittant son manoir de la *Terre-des-Aigles* (Lan-eiren) pour se rendre au prieuré de Locmaria et continuer ensuite sa marche triomphale jusqu'à la ville, il est accueilli avec les mêmes honneurs dont nous avons vu entourer l'évêque de Saint-Pol-de-Léon, Philippe de Coatquis : dans cette circonstance, comme dans l'autre, la solennité de la cérémonie est rehaussée par les mille détails de l'étiquette; des seigneurs, choisis parmi les plus puissants du duché, tiennent aussi l'étrier du prélat, le débottent et le portent à l'autel sur une chaise à brancard. Ne dirait-on pas la prise de possession faite par un suzerain de quelque principauté d'Italie ou d'Allemagne? « L'entrée de l'évêque de Kemper, » dit dom Lobineau, « se sentait du faste de la cour romaine d'Avignon. » Il eût pu ajouter qu'elle était l'expression vivante de la suprématie du clergé sur la noblesse, ou, si l'on veut, de l'idée sur la force.

Nous avons dit, en commençant, quelle autorité Kemper avait acquise en Bretagne, dès les premiers siècles, par sa position au centre de la Cornouaille; Pierre de Dreux lui donna une nouvelle importance en l'entourant de fortifications dont on voit encore une partie. Grâce à lui, cette ville devint une des bonnes places de la province. Aussi, lors de la guerre de Blois et de Montfort, fut-elle vivement disputée par les deux compétiteurs à la couronne ducale. L'évêque de Kemper se déclara pour le dernier, et alla lui rendre hommage lors de son arrivée en Bretagne avec Édouard d'Angleterre; mais Charles de Blois entra peu de temps après en Cornouaille, avec une puissante armée, et vint mettre le siége devant la ville. « Ayant ordonné de monter à l'assaut, » dit un historien déjà cité, « du côté que le reflux de la mer lave les murs de la ville, on lui représenta qu'il exposait son armée à un péril évident, parce qu'elle devait ce jour-là, selon son cours ordinaire, monter dès six heures du matin ; le comte ne répondit autre chose, sinon : *Puisque nous l'avons choisi, nous ne le changerons pas; et, par la grâce de Dieu, la mer ne nous fera aucun tort.* On donna donc l'assaut sans que le reflux de la mer apportât aucune incommodité aux assiégeants; ce qui fut regardé plus tard comme un miracle lorsqu'il fut question de la canonisation de Charles de Blois.

Le combat dura six heures, et les habitants résistèrent avec une opiniâtreté qui poussa la colère des assaillants jusqu'à la rage. Aussi, la ville prise, ne firent-ils aucun quartier : quatorze cents personnes furent massacrées. Lorsque le comte fit son entrée, le sang coulait dans les rues, comme l'eau après un orage, et son cheval heurta un enfant mort, qui suçait encore le sein de sa mère égorgée. Cette vue lui arracha des larmes ; il envoya partout ses officiers pour faire cesser le massacre; puis, courant à la cathédrale où se trouvaient l'évêque et le clergé, il fit apporter tous les ornements de l'église avec les reliques, et défendit aux siens, sous peine de la corde, de faire aucun tort aux ecclésiastiques, soit dans leurs corps, soit dans leurs biens. Il poussa même si loin la considération qu'il avait pour l'église, « qu'ayant jugé à propos de ruiner une partie des fortifications qui étaient de trop grande garde, comme celle-ci était moitié au duc et moitié à l'évêque, il aima mieux démanteler ce qui était à lui que de toucher à ce qui était à l'évêque et au chapitre. » (1344.)

Il y avait évidemment autant de politique que de piété dans ces égards envers le clergé. Ils eurent l'effet que Charles de Blois en attendait : l'évêque et le chapitre, convertis à son parti, promirent de le servir fidèlement désormais. Ce dévouement ne tarda point à être mis à une rude épreuve. Jean de Montfort, délivré de prison, se présenta devant Kemper avec une armée de Bretons et d'Anglais. L'assaut fut donné du côté du levant, vers le mont Fougin, où les fortifications étaient baignées par le cours de l'Odet ; mais Dieu, qui avait arrêté le flux de la mer pour livrer la ville au comte de Blois, ne pouvait se dispenser de faire quelque chose pour la lui conserver. L'évêque Alain et son clergé s'étant mis en prière, l'Odet se déborda de manière à repousser l'ennemi. L'arrivée d'un renfort acheva le miracle, et décida les assiégeants à se retirer.

Kemper resta donc à Charles de Blois jusqu'en 1364, c'est-à-dire pendant vingt ans. Enfin Jean IV, dit le Conquérant, qui s'était successivement emparé de toutes les places fortes de la Bretagne, arriva devant cette ville avec les machines qu'il avait fait construire à Vannes, et dont il s'était déjà servi pour prendre Jugon et Dinan. Il commença à battre les murs nuit et jour, il donna plusieurs assauts par semaine ; tandis que l'évêque, de son côté, se rappelant les promesses faites à son compétiteur, encourageait les habitants à la résistance. Mais on apprit peu après que le roi de France avait envoyé l'archevêque de Reims et le maréchal de Boucicaut à Jean IV, pour lui parler de paix. Évidemment la cause des de Blois était perdue, et il n'y avait plus rien à faire pour sa défense. Le clergé de Kemper assembla les habitants pour leur demander leur avis : ceux-ci répondirent « qu'ils avaient courageusement combattu tant qu'il y avait eu de l'espoir, mais que c'était folie de persister à soutenir un parti qui ne se soutenait plus lui-même ; qu'ils avaient épuisé sur les assaillants leurs pierres, leur huile bouillante, leur chaux vive, leurs falariques, leur sable rougi, de telle sorte que la défense devenait impossible ; qu'enfin les autres places s'étaient rendues au bout de quelques jours, et que c'était assez pour leur honneur, à eux bourgeois et ouvriers, d'avoir résisté plus longtemps que les meilleures garnisons d'hommes de guerre. »

Comme il n'y avait rien à répondre à de pareilles raisons, l'évêque céda, et la ville se rendit par capitulation.

Près d'un siècle s'écoule sans que Kemper prenne part de nouveau à aucun événement important. Pendant ce temps, son nom ne se reproduit plus dans l'histoire de Bretagne que pour rappeler quelques débats survenus entre son clergé et le duc. Nous voyons, par exemple, les États assemblés à Vannes, en 1386, décider, sur la réclamation de Jean IV, que l'évêque et le chapitre *n'ont point le droit de garder les clefs de la ville, bien qu'ils l'eussent fait jusqu'alors*.

Mais à l'époque de la Ligue, Kemper reprend toute son importance politique, et son histoire se trouve de nouveau mêlée aux principaux événements de la province. L'influence du clergé était trop grande dans cette ville pour qu'elle ne se déclarât pas chaudement et une des premières en faveur de la sainte union. Les magistrats, qui avaient pris l'écharpe blanche dans l'espoir d'entraîner le peuple à reconnaître l'autorité du roi, faillirent être lapidés et durent s'enfuir. Cependant il y avait déjà dans la bourgeoisie un certain nombre d'esprits forts qui supportaient avec impatience le joug de l'évêque et du chapitre : c'étaient des marchands enrichis, des avocats au présidial, quelques conseillers, la plupart *gens de rien*, mais courageux, actifs, et les dignes ancêtres de ces révolutionnaires que nous verrons concourir si énergiquement, vers la fin du xviii° siècle, à la destruction de tous les priviléges. Persuadés que le gouvernement du roi était un progrès sur la théocratie féodale, ils se mirent à chercher les moyens de lui livrer Kemper. Il y avait alors dans le voisinage, à Concarneau, un gentilhomme nommé le capitaine Lézonnet qui, après avoir bien fait ses affaires au service du duc de Mercœur, avait changé de parti, dans l'espoir d'obtenir un plus prompt avancement et de pouvoir se livrer plus librement à son goût pour le pillage. Les bourgeois se mirent en relation avec lui, et promirent de lui ouvrir la porte de la tour Bihan ; mais le chapitre soupçonna leurs intentions, et prit si bien ses mesures que Lézonnet trouva la ville fermée lorsqu'il se présenta au jour convenu. Cependant, comme il avait avec lui « mille hommes de combat, il attaqua le faubourg de la rue Neuve, où il n'y avait que cinq hommes de garde, puis la barrière de la Madeleine, qu'un habitant nommé Jean Richard défendit seul quelque temps avec son épée; enfin une barricade dressée au bout du pont de Sainte-Catherine. Ce fut là que Tanguy du Botmeur, conseiller au présidial et l'un des plus ardents ligueurs, eut le bras cassé au moment où il tenait en joue son arquebuse, ce qui causa quelque trouble à ceux qui se trouvaient près de lui ; mais il reprit l'arme de l'autre main, sans s'émouvoir, et la présentant à son voisin : « Ce n'est rien, dit-il ; tire pour moi ; je vais me faire panser. » Il mourut cinq jours après de sa blessure.

Lézonnet emporta la barricade, et s'empara du quartier appelé la *Terre-au-Duc*; mais là il fut forcé de s'arrêter, et envoya chercher du renfort. Les habitants, de leur côté, descendirent deux messagers par-dessus la muraille, avec des lettres adressées au sieur de Quinipily, gouverneur d'Hennebon pour le duc de Mercœur. L'un de ces messagers rencontra précisément, vers Pontscorf, quarante salades et cent cinquante arquebusiers à cheval qui battaient l'estrade sous la conduite de Grandville, frère du sieur de Quinipily, jeune gentilhomme sortant à peine de l'école, mais plein de courage. Il lui remit la lettre, et la troupe entière tourna aussitôt bride vers Kemper. Le lendemain, elle y arriva « par chemins détournés, vers la volée de la bécasse, » dit le chanoine Moreau. Pendant qu'on déblayait une des portes, terrassée en dedans, pour faire entrer les carabiniers, Lézonnet, prévenu de leur arrivée, les attaqua; mais les habitants qui garnissaient les remparts le reçurent à coups d'arquebuse. Atteint par une balle à la gorge, il repartit pour Concarneau le soir même. Comme il passait devant la porte où il avait été blessé, il s'écria, les dents serrées de rage : « Ceux de là dedans m'ont égratigné; mais, sur le salut de mon âme, je les écorcherai! »

N'ayant point de forces suffisantes pour exécuter lui-même cette menace, il s'adressa au maréchal d'Aumont, qui commandait en Bretagne au nom du roi, et le décida à marcher contre Kemper, où ce seigneur arriva le 9 octobre 1594. Une assemblée fut aussitôt convoquée à la cathédrale, devant le crucifix, pour délibérer sur ce qu'on devait faire. Tout le clergé fut d'avis de tenir bon, et offrit de concourir à la défense de la ville; la jeunesse fut du même avis; mais les gens de justice, « qui se souciaient moins, » selon le chanoine Moreau, « de la religion que de leurs intérêts, furent pour la plupart d'opinion contraire. » On se décida pourtant à la résistance. Le maréchal, en ayant été instruit, fit venir du canon de Crozon pour ouvrir la brèche, et commença l'attaque. Les ligueurs se défendirent avec un acharnement qui déconcerta l'armée royaliste. « La ville, » assure notre historien, « était en état de fournir douze à treize cents hommes, tous arquebusiers, bien en ordre, et qui avaient de la résolution plus qu'on ne pouvait attendre de gens non aguerris. » Le maréchal, étonné de cette vigoureuse défense, s'avança pour examiner les fortifications; mais à peine eut-il paru, qu'une douzaine de balles vinrent s'aplatir sur sa cuirasse. Sur quoi, se tournant tout en colère vers Lézonnet, qui l'avait engagé à cette entreprise en la lui présentant comme facile et sans péril : « Mé Dieu! » s'écria-t-il (c'était sa manière de jurer), « vous m'aviez dit qu'il n'y avait dans la ville que des bourgeois; vous êtes un affronteur! » A quoi Lézonnet répondit : « Monseigneur, sur ma vie et mon honneur, il n'y a qu'une centaine de soldats, et tout le reste ne sont qu'habitants. » — « Mé Dieu! » dit le maréchal, « mais ce sont gens de guerre que ces habitants! »

Cependant, après beaucoup de pourparlers et d'hésitations, Kemper capitula. Le maréchal d'Aumont y entra à la tête de son armée, et frappa la ville d'une contribution de onze mille écus. Les ecclésiastiques eux-mêmes y furent soumis; l'un d'eux, ayant résisté, fut traîné en prison. Informé de cette violence, l'évêque se rendit chez le maréchal, et lui dit : « Comment, monsieur, sommes-nous en une Rochelle, où la persécution soit ouverte contre les gens d'Église? Vous nous assurez que le roi est catholique et on le prêche ainsi au peuple, qui ne le peut que difficilement croire; et quelle opinion en aura-t-il quand il verra ses lieutenants traîner en prison les dignitaires de la cathédrale ? » Le maréchal fit l'ignorant, dit : « Mé Dieu ! qu'il n'entendait point cela, » et envoya sur-le-champ mettre le prêtre en liberté. Néanmoins celui-ci fut contraint de payer après.

Le lieutenant du roi, qui craignait toujours quelque révolte de la population kemperoise, fit ensuite commencer la construction d'une citadelle et de quatre éperons qui nécessitèrent la démolition de l'église et de l'hôpital Sainte-Catherine. Les bourgeois royalistes y travaillèrent, « et nous en vîmes un bon nombre, » dit le chanoine Moreau, « et des principaux qui s'employaient de telle affection à la vue des gens de guerre, sans être requis, que les maçons ne faisaient pas tant d'échecs comme eux, lesquels, ou la plupart d'iceux, moururent tous dans l'an et jour. »

L'imposition établie par le maréchal, le logement des gens de guerre et la cessation de tout commerce avaient déjà ruiné la ville de Kemper ; mais elle était destinée à de plus douloureuses épreuves. Entrée dans la guerre civile comme le Dante dans son Enfer, elle devait parcourir successivement, jusqu'au dernier, tous les cercles de misères, de tortures et de désespoir.

Parmi les aventuriers qui ravageaient la Cornouaille, égorgeant et pillant des deux mains, dans les deux partis, était Guy-Eder de Fontenelle. Cet Alexandre de grands chemins avait passé sa première jeunesse dans tous les désordres que permettait la licence du temps ; puis « l'ambition était venue le prendre sur son fumier ». Il avait formé une troupe de voleurs et de meurtriers, et s'était mis à parcourir le pays, tenant en apparence pour le duc de Mercœur, mais, de fait, prenant à tout le monde et « plumant l'oie où elle était grasse ». Il s'était d'abord fait une retraite fortifiée au château de Goatfrec, et s'était porté de là sur Paimpol, Lannion, Landerneau, où il n'avait laissé, selon l'historien de la Ligue, « que ce qui était trop lourd ou trop chaud pour être emporté. » Chassé de son repaire par la garnison de Tréguier, il s'installa à Carhaix. Ayant ensuite pris les châteaux du Granec et de Corlày, il y mit garnison et enferma ainsi le pays dans une sorte de triangle qui lui permit de continuer ses déprédations avec plus d'ordre. Cependant l'arrivée du maréchal d'Aumont le força de nouveau à déménager. Il se porta alors vers la baie de Douarnenez, surprit le poste de l'île Tristan, et annonça l'intention de s'y fortifier.

Les communes voisines, effrayées à cette nouvelle, se levèrent, « résolues à écraser la vipère avant qu'elle eût creusé son nid ». Mais Fontenelle se porta à leur rencontre, les attaqua dans une lande et en fit un tel carnage que, selon un vieux *guez* breton, « la terre, maigre jusqu'alors et ne produisant que bruyères, s'engraissa de pourriture humaine jusqu'à devenir terre de froment ». Terrifiées par cette défaite, les paroisses laissèrent Fontenelle s'établir dans l'île Tristan. Il démolit la ville de Douarnenez pour se construire des retranchements, et, une fois fortifié, commença ses expéditions.

Après avoir saccagé Penmarc'h et Pontcroix, Fontenelle soumit la Cornouaille entière à un pillage méthodique et progressif, ne quittant chaque paroisse qu'après en avoir enlevé tout ce qui pouvait être emporté. Les témoins oculaires nous ont laissé une peinture terrible de l'état auquel il réduisit le pays. Les fermes furent abandonnées et les bourgades devinrent désertes. Les femmes, les malades ou les enfants, qui n'avaient pu quitter les maisons, s'y enfermèrent, faisant les morts (car le moindre bruit eût attiré les soldats) et n'osant ni marcher, ni parler, ni prier Dieu. Ceux qui étaient plus forts se retirèrent dans les fourrés, où ils n'avaient pour nourriture que l'épine-vinette ou l'oseille ; encore n'osaient-ils la faire cuire, de peur que la fumée n'attirât les gens de Guy-Eder. Les terres étaient demeurées en friche, et, quant au bétail, il n'en fallait plus parler ; les chiens même avaient disparu, tués par les *argoulets* de Fontenelle, dont ils annonçaient l'approche, ou dévorés par les loups ; car la propagation de ces animaux ne fut point le moindre désastre de ces temps. On les voyait descendre par bandes de la montagne, vers le déclin du jour, traversant les villages comme une troupe ennemie, s'arrêtant là où ils flairaient la chair humaine, et brisant les portes des maisons pour dévorer ceux qui s'y cachaient. Leur audace devint telle, qu'une femme sortant de Kemper au milieu du jour fut dévorée à quelques pas de ses amis, et qu'ils attaquèrent sur les remparts des sentinelles armées. Le peuple, qui ne perd jamais le goût des contes, même à l'agonie, ne voulut point voir dans ces loups des animaux ordinaires, et prétendit que c'étaient les âmes des soldats de Guy-Eder qui reparaissaient sous cette forme après leur mort: on les appelait en conséquence *tut-bleis* ou *hommes-loups;* et alors qu'il eût fallu les combattre, chacun ne songeait qu'à les fuir.

Kemper devait nécessairement éprouver le contre-coup de toutes ces calamités. Beaucoup des populations voisines s'y étaient réfugiées avec les objets qu'elles avaient pu sauver du pillage : ceux-ci furent déposés dans les églises. La cathédrale, quoique vaste, était si remplie de coffres, que la procession n'y pouvait passer. Il en était de même aux églises de Guéodet et des Cordeliers. Cette augmentation d'habitants, jointe au défaut de récoltes, amena bientôt la famine. Les gens venus du dehors furent nécessairement les premiers atteints. En vain se pressaient-ils aux portes des bourgeois de Kemper, demandant un peu de pain « au nom de Dieu et de sa mère ». Pour toute réponse, ceux-ci leur disaient le prix de la pipe de blé, qui valait soixante écus, et leur criaient d'aller semer leurs champs. Chaque matin on trouvait quelques-uns de ces malheureux étendus blêmes et froids sur le pavé et la main dirigée vers la bouche, comme s'ils fussent morts dans le délire en faisant le mouvement de manger. Il y en avait d'agonisants près de toutes les étables ; car, sans retraite pour la plupart, les fumiers leur servaient de lits et ils s'y ensevelissaient afin d'échapper au moins au vent et à la froidure. Enfin, le grand nombre de cadavres engendra une sorte de typhus qui, « après avoir commencé par les plus pauvres habitants, » dit le chanoine Moreau, « arriva jusqu'aux plus huppés. » Quinze cents personnes périrent en quelques jours. On enterrait les morts par monceaux dans les jardins, sans prêtres ni prières. Tous les chefs de famille, hommes et femmes, succombèrent, et la ville resta presque uniquement habitée par des enfants. Du reste, telle fut la dépopulation causée en Cornouaille, à cette époque, par les divers fléaux qui l'accablèrent, que les paroisses où, avant la Ligue, on comptait chaque année douze cents communiants, n'en avaient plus que douze en 1597.

Fontenelle apprit l'état de faiblesse auquel la garnison de Kemper et ses habitants se trouvaient réduits par suite de la famine et de la maladie ; il résolut d'en profiter pour surprendre la ville, et, afin d'y réussir plus sûrement, il entra en pourparler avec le capitaine Clou qui y commandait, lui proposant de partager avec lui le butin. Celui-ci, qui était pauvre et fatigué de l'être, prêta l'oreille aux propositions de Guy-Eder. Ils eurent plusieurs conférences, dans lesquelles il fut convenu qu'une fois maîtres de Kemper, ils égorgeraient tous les bourgeois et feraient épouser les veuves à leurs officiers et à leurs soldats. Mais le projet fut ébruité. On avertit le seigneur de Saint-Luc, qui était alors lieutenant du roi en Bretagne, et il vint aussitôt à Kemper, où il fit subir un interrogatoire au capitaine Clou. Celui-ci, se voyant découvert, n'hésita pas, pour mériter le pardon de sa trahison, à faire tomber Fontenelle dans une embuscade, la nuit suivante, et à le conduire prisonnier à Kemper.

Un cri de joie s'éleva dans toute la Cornouaille, et l'on crut qu'on allait enfin retrouver un peu d'aisance et de paix; mais le sieur de Saint-Luc avait la maladie du temps, la soif de l'or ; il se laissa tenter par les propositions que lui fit Guy-Eder, et le relâcha moyennant le payement d'une énorme rançon. Ainsi rendu à sa troupe, Fontenelle ne songea qu'à se dédommager de la perte qu'il venait de faire, en reprenant ses projets sur Kemper, où se trouvaient rassemblées tant de richesses. Il réussit à rétablir des intelligences avec plusieurs soldats et officiers de la garnison, qui, moyennant le partage des bénéfices, promirent de lui livrer une des portes. Heureusement, cette fois encore le secret fut mal gardé. Les royalistes, instruits par un de ses capitaines, nommé Marcille, de la prochaine tentative de l'aventurier, attaquèrent brusquement sa bande et la mirent en déroute, un soir du mois d'avril 1597, comme il se dirigeait vers la ville pour la surprendre au milieu de la nuit.

Cette entreprise manquée mit la rage au cœur de Fontenelle. Il rassembla toutes les garnisons qui tenaient encore pour la Ligue dans le voisinage, et vint attaquer la ville en plein jour. Les partisans qu'il avait à l'intérieur devaient faire une sortie et se laisser repousser de manière que les soldats pussent rentrer dans Kemper en les poursuivant. Aussi les ligueurs ne doutaient-ils point du succès et avaient-ils amené avec eux des charrettes et des barques pour enlever ce qu'ils espéraient piller. Mais les traîtres furent si bien surveillés qu'ils ne purent accomplir leur promesse, et les assaillants, repoussés sur tous les points, se virent forcés de se retirer, emmenant leurs chariots chargés de cadavres au lieu de butin.

Peu après, la Bretagne entière se soumit à l'autorité du roi. Fontenelle seul résistait, non par fidélité à la Ligue, mais par crainte du parti que l'on pourrait lui faire. Enfin pourtant, le célèbre prédicateur Guillaume de Launay lui fut envoyé de la part du sieur de Saint-Luc. Lorsque Guy-Eder, qui le connaissait depuis longtemps, le vit arriver un papier à la main, il lui demanda en riant s'il lui apportait un sermon. — « Comme vous dites, » répliqua de Launay, « et en voici le texte : *Le sieur de Fontenelle, capitaine pour la Ligue, en Bretagne, est sommé de mettre bas les armes, s'il ne préfère être pendu.* » — « Et dites-moi dans quel Évangile se trouve ce verset ? » demanda Guy-Eder. — « Dans l'Évangile selon saint Luc, » lui répondit froidement l'envoyé.

Fontenelle fit sa soumission, à la condition d'être compris dans l'amnistie générale *pour tous les faits de guerre*, et de conserver le gouvernement de l'île Tristan. Mais il ne gagna à cet accommodement qu'un sursis de quelques années, le châtiment dû à ses crimes n'étant que différé par la justice divine et par la politique du gouvernement. En 1602, on accusa Guy-Eder d'avoir trempé dans la conspiration du maréchal de Biron : « il fut appliqué, le 27 septembre, à la roue ordinaire et extraordinaire, » rapporte Sismondi, « puis rompu vif sur la roue, où il languit pendant une heure et demie. »

Au retour de la paix, chacun s'était appliqué à réparer les maux occasionnés par les troubles de la Ligue. Guillaume Lézonnet, fils de ce commandant de Concarneau dont nous avons parlé, fut nommé évêque. Après avoir employé des sommes considérables à réparer son palais épiscopal, il laissa à ses héritiers pour plus de cent mille écus de biens, tant les ressources du clergé de Cornouaille étaient alors immenses (1614-1640). Son successeur, René du Louet, employa plusieurs années à parcourir toutes les paroisses de son diocèse, qui n'avaient point été visitées en règle depuis plus de vingt ans (1645-1650). Vers la même époque, on créa l'abbaye de Kerlot, on fonda une maison de retraite; tandis que les autorités communales, de leur côté, travaillaient au curage de la rivière, qui était presque comblée, et à l'élargissement des quais du port (1652-1764). Malgré l'importance politique et religieuse de l'ancienne capitale de la Cornouaille, les États ne s'y réunirent que deux fois (1586-1601). La communauté de la ville de Kemper, dont les armes étaient *de gueules au cerf passant d'or, au chef de France*, était représentée par un député dans l'assemblée générale de la province.

Parmi les fêtes populaires que les Kemperois célébraient encore dans le xviii° siècle, il en était une particulièrement curieuse, en ce qu'elle tirait son origine de l'histoire locale. Elle se rattachait au souvenir du roi Gradlon, et avait lieu la veille de la fête de sainte Cécile, patronne des musiciens. Le peuple se rendait devant le portail de la cathédrale, sur lequel avait été dressée la statue équestre de l'ancien roi de la ville d'Is ; on chantait des hymnes latines et bretonnes qui célébraient ses mérites ; puis un valet de ville, montant sur la croupe du cheval, offrait du vin à la statue, buvait à sa place, et, lui ayant essuyé la bouche, jetait le verre au milieu de la foule. Celui qui le recevait avait droit à une récompense de cent écus.

La révolution de 1789 fit enfin reparaître Kemper sur la scène politique. Les idées émises par les philosophes du xviiie siècle y avaient été acceptées, comme partout, de la bourgeoisie et d'une partie de la noblesse. Les classes inférieures elles-mêmes avaient perdu un peu de leur respect pour le clergé, les croyances populaires commençaient à s'affaiblir, et l'esprit de scepticisme avait gagné jusqu'aux enfants. Une anecdote qui nous a été racontée sur les lieux mêmes en fera foi. La chapelle de Notre-Dame-du-Guéodet (c'est-à-dire de Notre-Dame *au gué de l'Odet*) était en grande vénération à Kemper depuis des siècles. On conservait dans cette chapelle une bougie continuellement allumée depuis le désastre de la ville d'Is. Selon la tradition, cette bougie ne pouvait s'éteindre sans exposer la cité au même sort que la capitale du roi Gradlon. C'était par un puits placé contre l'église même que la submersion devait avoir lieu. En 1792, deux enfants entrant un jour au Guéodet, où la bougie brûlait encore, s'en emparèrent et se placèrent à la bouche du puits. Là, munis d'une chandelle allumée, ils éteignirent la bougie, résolus à la rallumer si l'eau s'élevait. Ayant été surpris dans cette occupation, on les chassa de la chapelle ; en d'autres temps, on les eût cruellement punis : alors on ne fit que rire de leur essai sacrilége.

Lors de la convocation des États-généraux, Kemper remit à son député les cahiers où elle avait exprimé non-seulement tous les vœux accomplis depuis par la Révolution, mais la plupart de ceux que nous voyons émettre aujourd'hui par les esprits les plus hardis. Ainsi, outre l'abolition des priviléges, la liberté de la presse, l'égalité devant la loi, la réorganisation judiciaire, l'unité des poids et mesures, etc., elle réclamait l'impôt progressif, la taxe sur les objets de luxe, le concours pour tous les emplois, le défrichement des terres incultes dans un temps donné, ou leur abandon, etc. Peu de temps après, elle proposa aux autres villes de Bretagne une *fédération patriotique* destinée à combattre tous les efforts contre-révolutionnaires, association qui fut sanctionnée à Pontivy dans le mois de janvier 1790. A cette époque, les élections municipales et départementales s'étaient déjà faites à Kemper, et cette ville, devenue le chef-lieu du Finistère, allait donner l'impulsion au département tout entier.

Les nouveaux pouvoirs constitués montrèrent une activité et une intelligence que l'on ne saurait trop admirer. Grâce à leurs mesures, le mouvement révolutionnaire suivit partout son cours sans résistance et sans désordre. Le chapitre de la cathédrale et le clergé du diocèse, qui refusaient de prêter le serment exigé par la nouvelle constitution, essayèrent de soulever la ville et les campagnes; l'évêque Conan de Saint-Luc étant mort dans ces circonstances, après avoir exercé l'épiscopat pendant dix-sept ans, ils supposèrent et répandirent, comme l'expression de ses dernières pensées, un mandement où respirait l'esprit de révolte. Cependant l'évêché de Kemper n'avait pas été aboli, et le culte n'était nullement menacé (1790). On était encore séparé par trois années de l'époque où Dagorn et Hérault, délégués du représentant Bréard, devaient fermer la cathédrale et la profaner de la manière la plus odieuse (le 12 décembre 1793).

L'administration du Finistère lança un arrêté

qui déclarait en état d'arrestation tout prêtre insermenté, lui laissant le choix de la prison ou de l'exil, et qui rendait les communes responsables de l'inexécution de ces ordres.

Plus tard, lorsque la levée des trois cent mille hommes fit éclater des troubles sur plusieurs points de la Bretagne, elle déploya une grande énergie pour faire respecter la loi. Tandis qu'elle envoyait au secours du Morbihan, sérieusement menacé, de l'artillerie et une colonne de neuf cents hommes, elle réussissait en quelques jours à étouffer, dans les districts de Brest et de Lesneven, la révolte de douze de leurs communes rurales. Malheureusement, les partis qui se disputaient le pouvoir dans la Convention nationale ne tardèrent pas à diviser les patriotes eux-mêmes en deux camps. Les administrateurs du Finistère soutinrent la cause des girondins avec une généreuse témérité; et ce fut à Kemper qu'après la ruine de leurs espérances, Duchâtel, Buzot, Pétion, Guadet, Barbaroux, Louvet, Riouffe et quelques autres trouvèrent un refuge. On sait qu'ayant eu l'imprudence de quitter cet asile, ils tombèrent successivement presque tous sous les coups de la proscription. Le triomphe des adversaires des députés fédéralistes fut l'arrêt de mort des administrateurs du département. Quant à la ville de Kemper, qui prit le nom de *Montagne-sur-Odet*, elle fut soumise à une épuration violente. Le 9 thermidor vint bientôt mettre un terme à cette réaction.

Kemper renferme 9,715 habitants, l'arrondissement 109,775 et le Finistère 576,068. L'industrie locale s'applique principalement à la fabrication des poteries; le port, dont les relations commerciales sont peu étendues, est accessible aux navires de deux cents tonneaux. La ville est assez mal bâtie, mais elle possède des restes intéressants du moyen âge. L'église du Guéodet a été détruite. Celle des Cordeliers, dont la fondation remonte à 1224, est aujourd'hui entièrement découverte, et sert d'atelier à des sabotiers; elle n'en mérite pas moins d'être visitée pour son cloître et la maîtresse vitre donnant sur la rue Saint-François. La cathédrale, quoique dépouillée à la Révolution de la plupart de ses statues, offre un ensemble imposant. Elle fut commencée en 1424. Un portique latéral ouvrant sur la rue Sainte-Catherine est orné de détails charmants sculptés dans le Kersanton.

Il y a, en outre, à Kemper un fort beau tribunal bâti depuis quelques années, un hospice qui sert en même temps d'hôpital militaire, un séminaire et un collége communal. Le collége, fondé par les jésuites sous le règne de Louis XIV, occupe un local spacieux et parfaitement approprié à sa destination. On y voit trois grandes cours, un jardin et une magnifique chapelle. La bibliothèque publique ne renferme guère que sept mille volumes. On y trouve un exemplaire du premier dictionnaire breton qui ait été publié. Il fut imprimé à Tréguier en 1499. Les manuscrits les plus remarquables sont le *Cartulaire de l'abbaye de Landévenec,* et des collections de pièces, de lettres et de mémoires relatifs aux colonies françaises.

Cette ville a vu naître plusieurs hommes remarquables : d'abord *Fréron,* si connu par son *Année littéraire* et la guerre d'épigrammes que lui fit Voltaire; *Royou*, qui fut un des collaborateurs de Fréron et le fondateur de l'*Ami du Roi*, dont la rédaction faillit lui coûter la vie ; *Bougeant*, de la Compagnie de Jésus, auquel on doit une curieuse *Histoire du Traité de Westphalie* et l'*Amusement philosophique sur le langage des bêtes* ; *Hardouin*, qui entreprit de prouver par des traités pleins d'imagination et de science, que des moines s'entendirent, dans le xiie siècle, pour fabriquer, sous les noms supposés d'Homère, de Platon, d'Aristote, de Plutarque, etc., tous les ouvrages attribués aujourd'hui aux anciens; le chanoine *Moreau*, dont nous avons cité l'*Histoire de la Ligue dans le diocèse de Cornouaille ;* M. *de Carné*, connu par des travaux politiques d'un ordre élevé ; et M. *Duchatellier*, auquel nous devons une excellente *Statistique du Finistère* et l'*Histoire de la Révolution dans les départements de l'ancienne Bretagne.*

CHATEAULIN — KEMPERLÉ

CONCARNEAU — PENMARC'H — PONT-L'ABBÉ

Kemper est, pour ainsi dire, entourée d'un cercle de petites villes, dont Châteaulin, Kemperlé, Concarneau, Pont-l'Abbé sont les principales. Châteaulin, qui se présente la première au midi, est une sous-préfecture. L'arrondissement dont elle est le chef-lieu est très-étendu, quoiqu'on n'y compte que 100,520 habitants. L'aspect du pays au milieu duquel cette petite ville est bâtie est d'une beauté remarquable ; l'œil s'arrête avec plaisir sur les sommets boisés et les découpures des montagnes, sur les groupes des rochers, les massifs de chênes et les bouquets de cerisiers jetés, çà et là ; enfin sur le cours de la rivière d'Aon (l'Aulne), qui, devenue la tête du canal de Nantes à Brest, partage pittoresquement la ville en deux parties, et forme à Launay un port qui sert de lieu de dépôt et de transbordement.

Châteaulin doit son existence et son nom à un vieux château élevé, par le duc de Bretagne Alain le Grand, vers le commencement du xe siècle, et dont on voit encore les ruines sur une colline ronde et élevée, au pied de laquelle passe la route de Kemper (907-936). La seigneurie de *Château-Alain*, après avoir appartenu dans le xiie siècle aux vicomtes du Faou, et dans le xive aux Penthièvre, servit d'apanage ou de domaine à divers membres de la famille ducale. Plus tard, elle releva directement du roi, lorsque la Bretagne fut réunie à la France. La situation avantageuse de sa forteresse, défendue par une triple enceinte de murs, en fit un objet d'ambition à toutes les époques où la guerre désola la province. Les Anglais, irrités d'en être chassés par du Guesclin, l'incendièrent avant de se retirer, en 1373. Au temps de la Ligue, sauvée par la rupture des ponts de l'Aon du pillage dont la menaça Eder de Fontenelle, elle ne put échapper à l'insatiable avidité du comte de Magnane. Ce capitaine s'introduisit dans la ville au moyen d'une surprise habilement ménagée, et y commit les plus cruels ravages (1595). Deux siècles de repos ont suivi ce désastre et en ont effacé le souvenir.

Les excellentes ardoisières exploitées dans les environs de Châteaulin, ses pêcheries de saumons, son commerce de bestiaux. de beurre, de poisson, d'ardoises, de fer, de plomb, sont pour ses habitants une source de richesses. Sa population se compose d'environ 3,000 âmes. Elle est la patrie du père *André*, si célèbre par son *Essai sur le beau*, et ses travaux philosophiques.

En quittant Châteaulin et en descendant vers le sud-est, on trouve Kemperlé. Les vallées qui avoisinent cette ville sont délicieuses c'est l'Arcadie de la Bretagne. Ici le désir du déplacement abandonne le voyageur ; il sent le besoin de s'asseoir au bord des bois, près des eaux murmurantes. La ville elle-même participe à l'élégance agreste de sa campagne ; rien de plus calme, de plus gai, de plus frais.

Kemperlé se nomma d'abord *Anaurot*. Un couvent fut établi au confluent de l'Isole et de l'Ellée, dès 568, par Guerech, comte de Vannes ; Alain Cagnard l'agrandit en 1029, et le donna aux moines de Belle-Isle, qui lui avait été restituée par Alain, duc de Bretagne ; mais les abbés de Redon prétendirent que ce domaine leur avait été précédemment concédé par le duc, et pendant que l'affaire était en jugement, ils rentrèrent de force à Belle-Isle. Dès que le légat l'apprit, il fit suspendre de ses fonctions Hervé, prieur de Redon. Tout le clergé prit part à cette querelle. Enfin Belle-Isle demeura à l'abbaye de Kemperlé ; mais l'abbé de Redon aima mieux rester privé de sa charge et de l'usage des sacrements que de reconnaître la vanité de ses droits : curieux exemple de cette énergie passive qui assura au clergé de cette époque une si redoutable puissance.

Le duc Jean III réunit les États à Kemperlé en 1315. Dans la première moitié du même siècle, Montfort y fut enterré sous le grand autel des Jacobins (1345). Louis d'Espagne, ayant remonté la rivière en 1342, débarqua six mille hommes pour attaquer la ville ; mais il fut repoussé par Gauthier de Mauny. Olivier de Clisson prit Kemperlé trente et un ans plus tard ; pendant les guerres de religion, l'armée royale s'en empara et la pilla. On en démolit les fortifications en 1680.

L'édifice le plus digne d'être vu à Kemperlé est l'église Sainte-Croix, dont les formes circulaires, le chœur élevé au-dessus du sol annoncent le style byzantin. Cette église est évidemment de beaucoup antérieure aux croisades, et doit dater au moins du viiie siècle. Il existe au-dessous une chapelle souterraine, sans doute encore plus ancienne, remarquable par la grossièreté sauvage des voûtes et des piliers, décorés d'ornements bizarres. On montre dans cette crypte des crampons de fer qui servirent, dit-on, à attacher saint Gurlot lorsqu'on le martyrisa : le tombeau de ce saint se trouve près de l'un des piliers. Mais ce que l'église Sainte-Croix présente de plus digne d'être vu est le bas-relief en tuf placé au-dessus de la porte d'entrée, représentant les Évangélistes et les Vertus théologales. Ces sculptures, qui appartiennent au règne de François Ier, sont d'une délicatesse, d'une grâce, d'une hardiesse qui pourraient les faire attribuer à quelque élève de Jean Goujon. Sur le point le plus élevé de Kemperlé se trouve l'église Saint-Michel : c'est un vaste édifice à voûtes ogivales très-hardies, et dont le portail, les croisées, délicatement ouvrés, appartiennent au bon style gothique.

La population de Kemperlé est de 5,541 habitants, celle de l'arrondissement de 43,198. Le port, qui recevait autrefois des navires de cinquante tonneaux, s'est tellement encombré, que les bâtiments de trente tonneaux ont peine à y aborder. Cette ville donna le jour, en 1693, à dom *Morice*, le plus savant historien de la Bretagne.

Conq-Erné (*Coquille en Cornouaille*), d'où on a fait, par corruption, Concarneau, est une petite place forte, bâtie sur un îlot rocailleux, ayant quatre cents pas de long sur cent vingt de large. Du Guesclin la prit d'assaut en 1375, et passa au fil de l'épée la garnison anglaise qui défendait la ville. Les remparts dont elle était alors entourée furent réparés plus tard par la duchesse Anne, et existent encore. C'est une forte enceinte en pierres de taille, flanquée de tours et garnie d'un parapet saillant avec ses mâchicoulis. Ce port est abrité. Il peut contenir les trois cents barques employées à la pêche de la sardine.

La tradition du pays rapporte qu'autrefois, le jour de la Fête-Dieu, pendant la procession du saint-sacrement autour de Concarneau, la mer se retirait pour lui faire place. Ce fait est imprimé dans la *Géographie* de Philippe le Biel, qui cite un procès-verbal dressé à l'occasion de ce miracle par un évêque de Kemper.

A l'époque de la Ligue, Concarneau se déclara pour le duc de Mercœur; mais quelques gentilshommes protestants, parmi lesquels étaient Kermassonnet et Delavigne, complotèrent de s'en emparer par surprise. Au jour convenu, ils montèrent donc à cheval au nombre de trente, et vinrent se cacher derrière de vieilles masures placées à deux ou trois cents pas de la porte principale. Sachant qu'il n'y avait d'ordinaire à ce poste que le portier, ils envoyèrent en avant un de leurs cavaliers qui demanda à parler au capitaine. Sur la réponse qu'il était absent, il mit pied à terre, feignit de chercher une lettre qu'il disait avoir à lui remettre, et laissa tomber plusieurs papiers sur le pont-levis. Le portier, comme il s'y attendait, se baissa pour les ramasser, et il en profita pour le poignarder par derrière. En le voyant tomber, Kermassonnet, qui était en observation, s'élança au galop avec toute sa troupe, entra dans la ville et s'en rendit maître. Les habitants dont il se défiait furent réunis dans quelques maisons et enfermés, sauf trois ou quatre chez lesquels les chefs s'étaient logés. Les huguenots, se voyant ainsi maîtres de la place, la mirent en état de défense et expédièrent une barque à la Rochelle pour y demander du secours. Cependant, les communes s'étaient assemblées, et, aidées par la garnison de Kemper, elles avaient mis le siége devant Concarneau.

Kermassonnet et ses compagnons se trouvaient dans un grand embarras, étant forcés, vu leur petit nombre, de ne prendre aucun repos, et de faire nuit et jour la garde sur les remparts. Le siége dura ainsi depuis le 17 janvier jusqu'au 22, et se fut sans doute prolongé sans l'action d'un jeune marchand, nommé Charles Le Bris, chez lequel les chefs huguenots étaient logés. « Revenant de la ville en sa maison, » dit Moreau, « il y trouva Kermassonnet et un autre gentilhomme qui dormaient profondément, après avoir posé leurs épées et poignards sur la table, près du lit. Kermassonnet avait les clefs de la porte en une liasse autour du bras, et il était impossible de les ôter sans l'éveiller. Charles Le Bris, ayant considéré combien la ville et le pays seraient misérables si ces sortes de gens y demeuraient, et combien il serait difficile de s'en délivrer lorsque le secours de la Rochelle serait arrivé, résolut de faire un acte d'honneur et de courage. Il prend donc les deux poignards des dormeurs, et, leur en donnant à tous deux ensemble dans le sein, les tue sans qu'ils aient le temps de pousser un seul cri. Il s'empare ensuite des clefs et s'en va vers la porte, l'ouvre et fuit vers les assiégeants, poursuivi par un soldat qui, tout furieux, alla se jeter au milieu des catholiques, où il fut tué. » La garde de Concarneau, ainsi rentrée sous le pouvoir des ligueurs, fut confiée à Leprestre de Lézonnet.

Pont-l'Abbé est un petit port de mer qui était autrefois le chef-lieu d'une des grandes baronnies de Bretagne. Ses fortifications, dont quelques restes subsistent encore, remontent au XIIe siècle. Les seigneurs de Pont-l'Abbé se déclarèrent pour le comte de Montfort, et la nationalité bretonne eut toujours en eux de zélés défenseurs. En 1402, le chef de cette puissante maison s'opposa à ce que le duc de Bourgogne fût nommé tuteur du jeune enfant de Jean IV, *de peur que ce prince étranger ne voulût attenter à l'indépendance de la Bretagne.* Ses successeurs furent des derniers à accepter la réunion à la France. En 1501, le roi fut obligé de leur enjoindre *de ne plus s'inscrire seigneurs du duché de Bretagne, et de ne plus porter les armes de ce duché.* On voit encore à Pont-l'Abbé l'ancien couvent des Carmes, fondé en 1385 par Hervé, seigneur du lieu. Ce monument est du xiv⁰ siècle. Le cloître, formé d'arcades en ogive fort élégantes, a été conservé avec soin par le propriétaire actuel. Concarneau a 1,816 habitants, et Pont-l'Abbé 3,163. Ces deux villes avaient, comme Kemperlé, le droit de députer aux États ; seulement, Pont-l'Abbé partageait alternativement avec Pont-Château l'honneur d'être représentée à l'assemblée des trois ordres de la province.

A peu de distance de Pont-l'Abbé se trouve la pointe de Penmarc'h (*Tête-de-Cheval*). Le voyageur qui parcourt maintenant cette côte rongée des vents, déchirée par les vagues, et que recouvrent les bruyères et la mousse marine, se refuse à croire que là s'élevait, il y a quatre siècles à peine, une cité industrieuse, une ville dont les habitants pouvaient armer sept cents bateaux pour la pêche lointaine et fournir trois mille archers. Cependant, nous voyons les ducs de Bretagne citer Penmarc'h dans leurs ordonnances comme l'une des communautés les plus riches du duché.

La principale cause de cette richesse fut d'abord un banc de morues dont on avait reconnu l'existence à trente lieues de la pointe, et que les habitants de Penmarc'h exploitèrent pendant longtemps. Plus tard, ils ajoutèrent à ce commerce celui des grains, des toiles, des chanvres, des bestiaux, qu'ils continuèrent longtemps avec la Galice et les Asturies. Les immenses bénéfices qu'ils réalisèrent ainsi séduisirent les paysans des paroisses voisines; la plupart renoncèrent à leurs charrues pour venir habiter Penmarc'h et s'y adonner au trafic. Il fallut une ordonnance de Jean V pour arrêter cet abandon des campagnes. Penmarc'h avait alors un port formé par une longue jetée dont on voit encore les vestiges, et qui s'étendait depuis Kerity jusqu'au rocher appelé *la Chaise*. Quant à la ville, elle couvrait tout l'espace actuellement compris entre les petits hameaux de Penmarc'h et de Kerity, comme l'attestent les amas de décombres disséminés sur cet espace. L'étendue de son circuit n'avait point permis de l'environner de fortifications ; mais comme sa position l'exposait à une descente des Anglais et des pirates, la plupart des riches habitants avaient mis leurs demeures à l'abri d'un coup de main en les entourant d'un mur crénelé et en les fortifiant d'une petite tour à beffroi.

La découverte du grand banc de Terre-Neuve fut le premier coup porté à la prospérité de Penmarc'h ; il lui restait pourtant son commerce avec l'Espagne. Au milieu du XVIe siècle, c'était encore une ville considérable. Henri II accorda, en 1557, à celui de ses arquebusiers qui abattrait le *papegaut* le droit de débiter sans taxe quarante-cinq tonneaux de vin, privilége que Rennes et Nantes n'avaient pu obtenir ; mais, vers cette époque, les attaques des pirates devinrent plus fréquentes et lui causèrent de grands dommages. Une tempête qui fit périr trois cents de ces bateaux pêcheurs, montés chacun par sept hommes, acheva de les décourager. Beaucoup de marchands quittèrent alors Penmarc'h avec tout ce qu'ils possédaient, pour aller s'établir à Roscoff, à Kemper, à Brest et à Audierne.

Cependant, lorsque la guerre de la Ligue éclata, la ville pouvait encore fournir deux mille cinquante archers; aussi, se fiant sur sa force, refusa-t-elle de prendre parti ni pour ni contre le duc de Mercœur, déclarant qu'elle ne voulait songer qu'aux affaires de son commerce, et qu'elle saurait bien se gouverner et se défendre seule, comme le faisait Saint-Malo. En conséquence, les habitants transformèrent une des églises et la plus grande des maisons en forteresses, et y disposèrent tout pour s'y retirer à l'occasion avec leurs femmes et leurs richesses.

Cette occasion ne tarda pas à s'offrir. Bien que Fontenelle, depuis peu retranché à l'île Tristan, feignit d'être leur meilleur ami, il n'était point homme à laisser en paix une ville où, selon le témoignage d'un écrivain du temps, « le moindre bourgeois avait force hanaps d'argent dont plusieurs étaient dorés en dedans. »

Il vint d'abord à Penmarc'h avec une vingtaine des siens comme simple visiteur, et se familiarisa jusqu'à jouer aux quilles avec les bourgeois pendant que ses compagnons parcouraient les rues, exami-

naient les forts et prenaient note du nombre de
leurs défenseurs. Mais, peu après, on le vit revenir
à la tête de toutes ses compagnies, muni de cordes
et d'échelles. Les habitants coururent aussitôt à
leurs forts, où ils se renfermèrent. Alors, Guy-Eder
s'avança seul sous leurs retranchements, et les assura qu'il arrivait comme un hôte de passage et non
comme un ennemi; Il avait toujours été leur allié,
et c'était pour lui un grand crève-cœur de voir une
pareille défiance. Il continua ainsi, prolongeant son
discours par des serments ou des promesses, et pendant que les habitants étaient occupés à l'entendre,
ses soldats escaladèrent d'un autre côté les retranchements abandonnés, arrivèrent sans être aperçus
parmi les écouteurs de harangues, et les égorgèrent
pour la plupart sans défense. « La principale tuerie, »
dit Moreau, « fut dans l'église, qui faisait comme le
donjon de leur fort. Il semble que ce fut par un
juste jugement de Dieu pour les irrévérences que
lesdits habitants y commettaient; ils avaient leurs
lits tout autour de la nef et jusque assez près du
grand autel; et, il faut le remarquer, qu'au même

endroit où ils avaient fait l'offense, la plupart furent égorgés. Dieu veuille que cela leur serve pour leur salut ! » Le second fort se rendit à composition. Fontenelle mit la ville au pillage, et le butin fut si considérable qu'il fallut trois cents barques pour le transporter à l'île Tristan.

Ainsi que nous l'avons dit, il ne reste aujourd'hui de la ville de Penmarc'h que deux hameaux, où l'on ne compte pas plus de 1,800 habitants; mais ces hameaux ont encore six églises qui attestent l'importance de la cité détruite. Deux d'entre elles, celles de Saint-Nona et de Kerity, sont d'une architecture magnifique.

LES PARDONS EN BRETAGNE

Nous touchons au moment où la vieille Armorique ne sera plus qu'un souvenir. Déjà l'empreinte antique qui la frappait au coin du passé s'efface chaque jour; le commerce, les institutions communales, les écoles, et surtout le recrutement, tendent à faire disparaître de plus en plus son caractère primitif. Nous ne nous plaignons point de cette destruction d'une civilisation vieillie; elle est nécessaire, et la nécessité a toujours quelque chose de providentiel; mais sur le point de voir disparaître tout un ordre d'idées auquel se rattachent nos sympathies d'enfance, nos admirations les plus vives et les plus doux souvenirs, nous éprouvons le besoin de recueillir jusqu'aux moindres attitudes de cette Bretagne qui va périr. Déjà, dans une œuvre patiente[1], nous avons tâché de la faire connaître ; mais tout n'a pu entrer dans notre tableau : qu'on nous pardonne donc d'essayer encore quelques esquisses, de compléter par quelques traits la figure que nous avons dessinée ailleurs.

Parmi les solennités populaires de la Bretagne curieuses à observer, les *pardons* tiennent le premier rang. On appelle *pardon*, la fête patronale d'une église ou d'une chapelle. On accordait autrefois dans ces occasions certaines indulgences aux pécheurs qui se rendaient aux offices célébrés en l'honneur du saint, d'où le nom de *pardon* a été donné à la fête. Les assemblées qui ont lieu sous cette dénomination sont généralement fort nombreuses; les populations rurales y accourent de toutes parts; on dresse des tentes sous lesquelles des tavernes sont improvisées; de longues rues de marchands de fruits,

---

1. *Les Derniers Bretons.*

de *gatteaux-cuirs* et de petits pains blancs se forment au milieu du *pardon*. Ces denrées sont étalées par monceaux de quatre à cinq pieds de haut sur une litière de paille. Des aveugles tendent des ficelles le long des fossés et y suspendent des *querz* bretons ou bien de belles gravures coloriées avec les légendes à la marge. Des Normands parcourent la foule, achetant les chevelures des femmes pour des mouchoirs de Chollet. Des loteries de faïence s'établissent contre les murs du cimetière, et des marchands de couteaux à deux sous, d'épinglettes de laiton et de chapelets en os parcourent le *pardon* avec leur éventaire. Cependant les cloches sonnent pour l'office, les offrandes sont faites au saint patron. Ce sont des poules, des agneaux, du beurre, du fil, du miel, du blé. Tous ces dons sont vendus le soir même, au pied de la croix du cimetière, par le ministère d'un marguillier et à la criée. Du reste, les présents ne sont pas toujours arbitraires ; il est des patrons auxquels on ne peut présenter que certaines offrandes spéciales. Ainsi, Notre-Dame-du-Relec ne reçoit que des poules blanches.

Après les offices, la danse commence ; l'orchestre, composé d'un hautbois, d'un *biniou* et d'un tambourin, ou à leur défaut d'une vielle, est établi sur des barriques vides. Les jeunes filles, les yeux baissés, sont assises et rangées sur les fossés du champ où l'on danse ; les jeunes gens circulent dans le milieu. Au signal donné, le branle commence.

La danse actuelle est évidemment une danse dégénérée qui n'a conservé que de faibles vestiges de ce qu'elle était autrefois. Les *passe-pieds* et les *jabadaos* ne sont guère que de grandes rondes cadencées auxquelles on a mêlé quelques passes, quelques changements de main ; mais les traditions conservées par certains danseurs démontrent que c'était autrefois des danses de caractère. En effet, on voit encore dans les paroisses où ces usages antiques se sont le mieux maintenus, un chef de chœur qui conduit la ronde. C'est habituellement le plus beau, le plus leste et le plus élégant des garçons de l'endroit. Il mesure les mouvements, les règle, marque la mesure et forme les chaînes en marchant en cadence sur la pointe du pied. Tous l'imitent avec soin, tantôt en s'enlevant légèrement, tantôt en retombant lourdement sur l'arène qu'ils foulent. C'est ce qu'on appelle *peiner à la danse*. Cela a lieu surtout dans les aires neuves. Parfois aussi, une espèce de grotesque égaye l'assemblée par ses gambades et ses contorsions; il s'enlève à une grande hauteur et frappe trois fois de son pied droit contre son mollet gauche avant d'avoir retrouvé la terre. Ce rôle de danseur comique est rempli le plus ordinairement par un tailleur ou un matelot. Il est aisé de voir dans tout cela les traces d'un art soumis à des règles et à un plan, comme nos ballets modernes ; nous ajouterons que les rondes et les passes qui forment le fond du *passe-pieds* et du *jabadao* sont sans doute un reste des danses sacrées des Celtes, qui étaient symboliques et avaient pour but de représenter les divers mouvements des astres dans le ciel.

L'une des études les plus intéressantes à faire dans les *pardons* de la Bretagne est celle des costumes. On en compte autant que de communes, et souvent mille communes sont représentées dans ces singulières assemblées. Mais au milieu de ces vête-

4.

ments de toute couleur et de toute forme, on est surtout frappé de la longue lévite noire des jeunes *cloarecs*, qui, le front rasé et les cheveux tombant sur le cou, se promènent graves et pâles au milieu de la foule qui les regarde avec respect. Les enfants sont vêtus de toutes pièces et portent exactement les mêmes habits que leurs pères. Les petits garçons ont les *bragoubras*, le grand chapeau et l'habit à larges basques; les petites filles, le corset garni, la jupe courte, les bas à coins et les petits souliers. Dans ce costume compliqué et sévère, la gaieté du premier âge s'efface pour faire place à je ne sais quel sérieux plaisant : on dirait de petits comédiens de M. Comte habillés pour la pièce et qui se sont échappés des coulisses.

Mais, outre la physionomie commune à tous les *pardons*, chacun d'eux en a une particulière qui le distingue. A Saint-Jean, par exemple (près de Plougastel), l'un des *pardons* annuels est consacré à la foire des oiseaux. Tous les pâtres du pays viennent exposer en vente les couvées qu'ils ont pu surprendre au nid ou dans les gluaux. Plus de deux mille cages sont là quelquefois, rangées à la suite l'une de l'autre. C'est un mélange confus de sifflements, de cris, de roucoulements, de modulations, de gémissements dont l'ensemble a quelque chose de si sauvage et de si harmonieux, qu'on ne peut s'en faire une idée lorsqu'on ne l'a point entendu. Au *pardon* de Saint-Éloi, près de Landerneau, on conduit les chevaux entendre la messe. A Sainte-Barbe, à Roscoff, les femmes et les filles des matelots s'imposent des pénitences pour le salut de leurs maris et leurs pères. Elles se rendent à la chapelle, pieds nus et un cierge à la main. Souvent des marins, sauvés du naufrage par suite d'un vœu, viennent l'accomplir eux-mêmes en faisant à genoux le tour de la chapelle ; quelquefois ils y apportent un débris de leur navire, le vêtement mouillé d'eau de mer dans lequel ils se sont sauvés, ou bien ils offrent en commémoration un petit vaisseau délicatement travaillé et gréé de tous ses cordages, qu'ils suspendent à la voûte du sanctuaire. A Lanriwaré, sur la route de Saint-Renan, les fidèles font, à pied ou à genoux, le tour du cimetière des Sept-Mille-Saints. Cette pratique religieuse est, du reste, en usage dans un grand nombre de *pardons*, et il est même des mendiants qui font métier de se louer à cet effet. Nous avons vu fréquemment des bandes de ces misérables en haillons, rangés le long du cimetière, et criant à haute voix :

— Qui a un tour d'église à faire nu-pieds?
— Qui a un tour d'église à faire à genoux?

Les riches paysans qui ont des vœux à accomplir s'approchent alors et marchandent un certain nombre de tours exécutés à leur intention : ils débattent longuement le prix; et enfin, lorsqu'ils sont tombés d'accord avec le malheureux qui leur vend sa chair, celui-ci accomplit le vœu pour le compte du riche, qui s'en retourne joyeux et sûr d'avoir mérité des indulgences.

Les deux pèlerinages les plus célèbres du Finistère sont ceux de Saint-Jean-du-Doigt et de Rumengol. Saint-Jean-du-Doigt guérit les maux d'yeux; Notre-Dame de Rumengol ou de *Remed-ol* est, comme son nom l'indique, la Vierge de *tout remède*.

Ce dernier *pardon* est surtout remarquable par la multitude de mendiants qu'il attire. Trois ou quatre cents de ces gens à besace s'y rendent habituellement chaque année. Le soir, quand les tentes sont repliées, que les *sonneurs* sont partis, et que l'on a entendu les dernières cadences des hautbois se perdre dans les bruyères, lorsque la nuit et le silence ont repris possession de la plaine que foulait peu auparavant une foule bruyante, les mendiants se réunissent en groupes autour de feux de joie qu'ils allument. Alors, c'est un spectacle dont aucune parole ne peut rendre la fantastique magie que celui de ces trois cents déguenillés assis autour de leur foyer en plein vent. On dirait un campement de Bohémiens du moyen âge. Ils sont là, accroupis sur leurs longs bâtons blancs, leur bissac à leurs pieds, comme des âmes en peine qui seraient venues s'asseoir un instant autour de brasiers délaissés. Parfois un jet de flamme éclaire subitement ces visages grimaçants, hagards ou stupides, marqués au coin du vice et des misères humaines; puis une raffale abat les feux qui rampent en tournoyant, et alors on n'aperçoit plus que des ombres qui s'agitent dans des ténèbres visibles.

Cependant un sourd murmure, semblable au bruissement du vent dans les feuilles mortes, court sur cette foule étrange ; de loin en loin, la voix d'un estropié s'élève mélancolique et prolongée, chantant un *guerz* du pays ; on entend la clochette des chiens des aveugles, les ricanements des idiots, les psalmodies des vieillards répétant des prières latines, les cris de quelques mendiants avinés, et, au milieu de cet inexprimable mélange de rumeurs bizarres, d'images hallucinantes, de tableaux fantasmagoriques et changeants, le vent de nuit qui arrive de la mer tout chargé du parfum des herbes marines, commence à siffler dans les arbres du cimetière ; les feux s'éteignent lentement, et la lune montre son pâle visage au milieu d'un ciel pailleté d'étoiles. Alors tout bruit meurt ; les trois cents mendiants, couchés sur la terre, ont oublié leurs peines aussi profondément que s'ils dormaient dessous, dans un cercueil. La plaine apparaît de nouveau unie, solitaire et silencieuse, et l'on n'aperçoit plus que le long clocher de Rumengol qui s'élance du milieu des arbres comme un fantôme, et la grande croix du cimetière qui projette son ombre sur les pierres blanches des tombeaux.

TRADITIONS DE LA BRETAGNE

L'Armorique fut une des contrées où le culte druidique se maintint le plus longtemps, et l'on peut même dire qu'il s'y est perpétué jusqu'à nos jours, en se cachant à peine sous un vernis de catholicisme. Il est facile de voir que les premiers missionnaires, ne pouvant détruire les habitudes de respect du peuple pour les anciens monuments de sa religion, ont cherché à déguiser l'idolâtrie par des traditions qui rattachaient ces monuments à la théogonie chrétienne. Il en est résulté un mélange de superstitions antiques et nouvelles, singulièrement curieux à observer. Les éléments sont encore, en Bretagne, un objet de culte pour la plupart des paysans. Cambry parle de la fontaine de Bodilis, dont les jeunes filles consultent les eaux pour savoir si elles se marieront dans l'année. On peut citer également la fontaine de Saint-Laurent, près du Pontou, qui a la propriété de prévenir les douleurs et les rhumatismes ; celle de Saint-Jean-du-Doigt, qui guérit les maux d'yeux, et mille autres dont il serait trop long de donner les noms : car il n'est presque aucune fontaine antique qui n'ait une vertu spéciale.

Le gui, qui était, comme on le sait, la plante sacrée des druides, a aussi des pouvoirs particuliers : il préserve de la fièvre, donne des forces pour la lutte et guérit certaines maladies des animaux ; les Bretons l'appellent *lougou ar groas*, l'herbe de la croix, nom qui lui fut sans doute donné par les prêtres afin de sanctifier, par un nom chrétien, la plante idolâtrée.

Le culte des astres a laissé moins de vestiges, mais on en trouve pourtant encore des traces. Ainsi, il est peu de nos paysans qui ne fassent le signe de la croix quand ils voient la première étoile monte dans le ciel. Les feux de Saint-Jean ne sont d'ailleurs autre chose que les feux qui s'allumaient autrefois aux fêtes du soleil ; on a seulement détourné la signification de l'usage en lui donnant le patronage d'un saint. « Les fêtes du soleil, » dit M. Hamon, « avaient ordinairement lieu aux deux solstices, quand l'astre remontait dans les cieux, vainqueur de l'hiver ; et lorsque, parvenu à son apogée, il s'arrêtait au plus haut des cieux pour contempler son empire, on éteignait, pour le rallumer, le feu de l'autel, on chantait des hymnes en l'honneur du feu. La fête est restée, mais en perdant sa signification primitive. Le feu allumé jadis en l'honneur du soleil a été placé sous l'invocation d'un saint fêté par l'Église à la même époque, et la nouvelle religion a ainsi confisqué à son profit les cérémonies de l'ancien culte. » On peut ajouter que saint Jean a été choisi de préférence à tout autre pour être substitué au dieu du jour, parce qu'une circonstance de sa vie favorisait cette substitution. Le bûcher qu'on avait dressé pour son martyre ayant été éteint par la toute-puissance de

Dieu, on pensa que l'on pouvait, en commémoration de ce miracle, allumer en son honneur les feux qui l'avaient été auparavant avec une autre intention. Cependant, en rendant chrétienne la cérémonie par la substitution du patron que l'on honorait, on ne la dégagea pas de tous ses accessoires païens. Ainsi la danse en rond qui s'exécutait autour des flammes consacrées au soleil, et qui avait pour but de représenter grossièrement la course circulaire des astres, fut continuée autour des feux de Saint-Jean, quoiqu'elle n'eût plus aucun sens. On ne cessa même pas de conduire les animaux près des bûchers et de les faire sauter par-dessus les brasiers enflammés, bien que cette cérémonie de purification ne fût plus en rapport avec la fête d'un saint chrétien.

Mais ce sont surtout les *menhirs*, les *dolmens*, les *lochavens* et toutes les pierres druidiques, qui sont restés dans les campagnes de l'Armorique des objets d'adoration ou d'épouvante ; à la plupart se rattachent des légendes pieuses, évidemment fabriquées à dessein pour être substituées aux vieilles traditions. Il n'est point un monument celtique qui n'ait joué un rôle dans l'histoire sainte. Ceux-ci sont des cailloux que là Vierge apporta dans son tablier, ou bien des bornes que des saints plantèrent en commémoration de leur passage ; ceux-là sont ou des impies transformés en rochers pour avoir insulté quelque personnage canonisé, ou des piliers auxquels on a autrefois attaché Belzébuth, ou bien des rocs lancés par le diable dans un accès de colère. Quant aux dolmens, tous sont la demeure des conribes, cornicouets ou poulpiquets, espèces de petits nains noirs et hideux qui dansent le soir, au clair de la lune, et qui forcent les voyageurs égarés à danser avec eux jusqu'à ce qu'ils les aient fait tomber morts de fatigue. Mille contes bizarres et charmants sont répétés sur ces petits hommes noirs qui hantent les landes de Croyou, les campagnes de Resporden et les bois de Lagueu. En voici quelques-uns :

Il y a longtemps de cela ! les poulpiquets s'étaient emparés de la vallée de Goïl. Dès que le soleil était tombé à l'horizon, et que les cornes des bergers avaient rappelé les troupeaux aux étables, personne n'osait plus se hasarder dans le val, car les hommes noirs étaient là qui dansaient. Un soir cependant un journalier et sa femme, oubliant la chose, passèrent près du *Château des Poulpiquets* et tombèrent au milieu de la danse. Aussitôt qu'ils les aperçurent, les petits nains firent un grand rond autour d'eux et se mirent à tourner en poussant des éclats de rire si aigus, qu'on les entendit du village de *Caat-Meur*. Le journalier et sa femme se crurent perdus. Déjà leurs genoux tremblaient et ils recommandaient leurs âmes à Dieu, lorsqu'ils entendirent tout à coup les poulpiquets chanter en chœur :

Lez hi, lez hou,
Bas en arer zo gaut hou ;
Lez hou, lez hi,
Bas en arer zo gaut hi.

Laisse-le, laisse-la ;
Le bâton de la charrue est avec elle.
Laisse-la, laisse-le,
Le bâton de la charrue est avec lui.

En effet, le journalier, portant le bâton à petite fourche qui sert à nettoyer la charrue, ne savait trop encore ce que signifiait ce chant, lorsqu'il vit la chaîne des poulpiquets se rompre, et ils lui ouvrirent un passage, ainsi qu'à sa femme, pour leur laisser continuer leur route.

Le bruit de cette aventure se répandit dans le pays ; et depuis ce temps on put impunément assister aux danses des poulpiquets pourvu qu'on eût avec soi le bâton de la charrue.

Deux tailleurs y allèrent par curiosité ; et pendant qu'ils regardaient, l'un dit à l'autre :

— Dis donc, Peric, toi qui prétends être sorcier, toi qui sais la langue des vaches et des oiseaux, ferais-tu bien une ronde avec ces petits démons-là ?

— Pourquoi pas, répond Peric ; et toi, Ian ?

— Moi, j'irais leur prendre, s'il le fallait, le petit bissac qu'ils ont sur l'épaule pour voir s'il ne s'y trouve vraiment, comme on le dit, que du crin, des poils et une paire de ciseaux.

— Eh bien, tirons au sort à qui ira le premier.

— Soit.

Les deux tailleurs tirent au sort, et Peric est désigné.

Peric était un petit bossu à crinière rouge, malin comme un écolier, gourmand comme un enfant de chœur, et n'ayant pas plus peur du diable que ne doit en avoir un tailleur. Il s'avança donc vers les cornicouets, tira bien poliment son chapeau, se rentra le cou dans sa bosse pour se donner un air agréable, et leur demanda la permission de prendre part à leurs danses.

— Volontiers, crièrent les petits hommes.

Ils élargirent leur cercle pour faire place à Peric, et commencèrent à chanter en tournant rapidement :

Di-lun, di-meurz, di-mercher. (Lundi, mardi, mercredi.)

« Voilà un chant qui ressemble au traquet du moulin, dit Peric en lui-même ; c'est toujours la même chose ; quand on y ajouterait, il n'y aurait pas de mal. » Et il saisit le moment où les cornicouets prononçaient le mot de *di-mercher* pour ajouter d'une voix claire :

Di-riou a di-guēnuer. (Jeudi et vendredi.)

Mat! mat! (Bien! bien)! hurlèrent les nains en précipitant leur élan et jetant de longs cris de joie.

Puis, comme saisis d'un mouvement d'amitié et de reconnaissance, tous entourent le petit bossu et lui disent :

— Que veux-tu, tailleur? que veux-tu de nous ? Beauté, honneurs ou richesse, tu auras ce que tu demanderas.

— Ce que je demande, dit Peric en riant, c'est que vous aplanissiez, s'il se peut, la montagne que je porte sur mes épaules.

— Bien, bien, répétèrent les cornicouets, et saisissant aussitôt Peric, ils le lancèrent dans les airs, se le renvoyèrent comme une balle jusqu'à ce que le petit homme, étourdi et rompu, retombât sur ses pieds, beau et leste, avec le dos le plus uni et des cheveux noirs bouclés ruisselant sur ses épaules.

Il se hâta de retourner vers son confrère, qui ne fut pas peu surpris de cette métamorphose, et à qui il raconta tout ce qui lui était arrivé. Ian, enhardi par le succès de l'ex-bossu, s'empressa de se rendre dans la vallée de Goïl au moment de la danse des poulpiquets, et il leur demanda la permission de prendre place dans leur ronde. Les poulpiquets consentent, et voilà que le branle commence avec le chant accoutumé, accru des deux mots qu'y avait joints Peric :

Di-lun, di-meurz, di-mercher,
Di-riou a di-guēnuer

« Parbleu, pensa Ian, il faut que j'ajoute aussi, moi, quelque chose pour qu'ils me fassent politesse comme au bossu. » Et d'une voix éclatante il se mit à crier :

— *Di-sordreu a di-sul !* (Samedi et dimanche.)

Les poulpiquets s'arrêtèrent en jetant de grands cris.

— Oh ! oh ! oh !

— *Di-sordreu a di-sul*, répéta Ian.

— Oh ! oh ! oh !... Après? après?

— *Di-sordreu a di-sul !*

Tous entourèrent le tailleur avec impatience.

— Après? après?

— *Di-sordreu a di-sul !* crie encore une fois le tailleur.

Les cornicouets n'en attendirent pas davantage.

—Que veux-tu? que veux-tu? Honneurs, richesse, beauté...

— Je veux la richesse.

— Eh bien, voilà ! crièrent les petits nains; et, le saisissant, ils le lancèrent en l'air comme Peric, le ballottèrent, le rattrapèrent pour le lancer de nouveau. Ian n'en pouvait plus ; il criait :

— Grâce ! grâce !

— Sors ! dirent les cornicouets; tu as la richesse que tu mérites.

Le tailleur se trouva debout. Mais, horreur !... il sentit sur ses épaules l'infirmité dont Peric avait été délivré : il était bossu, et une hideuse crinière rouge tombait par mèches sur son front et ses joues. Il s'enfuit furieux et épouvanté.

Depuis, on sut pourquoi les poulpiquets s'étaient montrés si vindicatifs à son égard ; quand il avait prononcé les mots de *di-sordreu a di-sul,* les petits hommes noirs avaient cru qu'ils touchaient à l'instant de leur délivrance, car ils sont condamnés à danser ainsi toutes les nuits autour des pierres druidiques jusqu'à ce qu'ils aient trouvé un homme qui se soit mêlé à leur ronde et qu'il répète après les noms de tous les jours de la semaine : *A cetu echu ou sigun.* (Et voilà la semaine finie). Un instant, ils avaient cru que Ian allait remplir cette condition et les délivrer, mais quand ils avaient vu qu'il s'arrêtait en chemin, le dépit, le désappointement les avaient rendus furieux et ils s'étaient vengés sur le pauvre tailleur.

Depuis, quelque autre plus heureux a ajouté au chant les paroles voulues, et c'est ce qui fait que les cornicouets ne paraissent plus dans nos vallées, et que celle de Goïl spécialement en est délivrée.

Qui jugerait le paysan breton sur son extérieur grossier, le croirait dépourvu de toute intelligence et de toute imagination; mais il se tromperait. Ces hommes, si sauvages dans leurs apparences, si difficiles à émouvoir, à faire parler, sont pleins d'originalité et de poétiques instincts. La vie qu'ils mènent dans leurs habitations isolées rappelle celle des patriarches de la Mésopotamie et des Arabes des déserts. Allez, un soir d'hiver, quand *la fillerie* est réunie autour du foyer ou dans l'étable, et que le conteur est assis au milieu des femmes attentives, allez écouter leurs traditions, leurs légendes, leurs ballades populaires, et vous demeurerez émerveillé de la richesse de ces récits, dont aucune traduction ne peut rendre la prestigieuse variété ni l'incisive rudesse. Nous essayerons cependant d'en reproduire un que nous avons recueilli sur les lieux, en demandant grâce pour notre imitation, qui est loin de rendre la saisissante terreur de l'original.

L'AUBERGE BLANCHE

Il y avait autrefois au Guerlesquin une auberge que l'on appelait l'*Auberge blanche,* parce que la façade en était toute blanche. Les aubergistes étaient d'honnêtes gens qui faisaient leurs pâques tous les ans, et on n'avait point besoin de compter après eux. Aussi tous ceux qui passaient s'arrêtaient à l'*Auberge blanche,* et les chevaux connaissaient si bien la porte de l'écurie, qu'ils s'y arrêtaient d'eux-mêmes.

Le *remplisseur de coffres (raz arc'h)* avait commencé à rendre les jours tristes et courts. Un soir que Flock, le maître de l'*Auberge blanche*, était à sa porte, s'arrêta près du seuil un voyageur qui avait l'air d'un homme d'importance et qui montait un beau cheval qui n'était pas du pays. Il porta la main à son chapeau et dit à l'aubergiste :

— Je voudrais à souper et une chambre pour moi seul.

Flock tira sa pipe et son chapeau, et il dit :

— Dieu vous bénisse, monsieur; vous aurez à souper; mais pour une chambre à vous seul, nous ne pouvons vous en donner, car nous avons là-haut six muletiers du haut pays qui s'en retournent à Redon, et ils ont pris les six lits de l'*Auberge blanche*.

Le voyageur dit alors :

— Mon Dieu! brave homme, tâchez pourtant que je ne couche pas dehors. Les chiens ont un chenil; il n'est pas juste que les chrétiens ne trouvent pas un coucher par un temps comme celui-ci.

— Monsieur l'étranger, repartit Flock bien marri,

je ne sais que vous dire, sinon que l'auberge est pleine, sauf la chambre rouge.

— Eh bien! donnez-moi la chambre rouge.

Mais à ces mots, l'aubergiste se mit à se gratter la tête et à trembler; car il ne pouvait donner la chambre rouge au voyageur.

— Depuis que je suis à l'*Auberge blanche*, dit-il enfin, il n'y a jamais eu que deux hommes qui ont couché dans la chambre rouge, et le lendemain, leurs cheveux étaient blancs, de noirs qu'ils avaient été la veille.

Le voyageur regarda l'aubergiste.

— Avez-vous donc des revenants chez vous, brave homme?

— Il y en a, murmura maître Flock.

— Alors, à la grâce de monsieur le bon Dieu et de madame la Vierge! Faites-moi du feu dans la chambre rouge, et bassinez mon lit, car j'ai bien froid.

L'aubergiste fit ce qui lui était ordonné.

Quand il eut soupé, le voyageur souhaita une bonne nuit à tous ceux qui étaient à table, et il monta dans la chambre rouge. L'aubergiste et sa femme se mirent en prière, car leur effroi était grand.

Cependant l'étranger était arrivé à l'endroit où il devait coucher, et il regarda autour de lui.

C'était une grande chambre toute rouge, avec de grandes taches luisantes sur le mur, si bien que l'on aurait dit qu'elle avait été barbouillée avec du sang qui n'était pas encore sec. Dans le fond, il y avait un lit carré entouré de grands rideaux. Le reste était vide, et l'on entendait le vent qui soufflait tristement dans la cheminée et dans les corridors, comme la voix des âmes demandant des prières.

Le voyageur se mit à genoux, parla tout bas à Dieu, puis entra au lit sans crainte. Bientôt il s'endormit.

Mais voilà qu'au moment où minuit sonnait à l'église éloignée, il se réveilla, et il entendit ses rideaux qui glissaient sur leurs gaules de fer, et qui s'ouvraient tout au grand, à sa droite. Le voyageur voulut sortir du lit, mais ses pieds heurtèrent quelque chose de froid. Il se recula.... Il y avait là, devant lui, un cercueil avec les quatre cierges aux quatre coins, et par-dessus, le grand drap noir semé de larmes blanches. L'étranger s'élança de l'autre côté de son lit pour en sortir... Aussitôt le cercueil y passa et se trouva devant lui. Cinq fois il essaya de sortir ainsi, et cinq fois la châsse se plaça sous ses pieds, avec ses cierges et son drap noir semé de larmes. Le voyageur vit que c'était un mort qui avait sa demande à faire. Il se mit à genoux dans son lit, et, après avoir fait le signe de la croix :

— Qui es-tu, mort ? dit-il ; parle, c'est un chrétien qui t'écoute.

Une voix sortit de la châsse et dit :

— J'étais un voyageur qui a été assassiné ici par ceux qui tenaient l'auberge avant l'homme qui y est maintenant; je suis mort en état de péché, et je brûle dans le purgatoire.

— Que veux-tu, âme en peine, pour te soulager?

— Il me faut dix messes dites à l'église de Notre-Dame-du-Folgoat, par un prêtre en étole noire et blanche; puis un pèlerinage fait en mon intention, par un chrétien, à Notre-Dame-de-Rumingol.

— Tu auras les dix messes, âme en peine, et moi qui suis un chrétien, j'irai en ton intention faire un pèlerinage à Notre-Dame-de-Rumingol.

A peine le voyageur avait-il parlé ainsi, que les cierges s'éteignirent, les rideaux se fermèrent et tout rentra dans le silence. L'étranger passa le reste de la nuit en prière.

Le lendemain, il raconta tout à l'aubergiste, et il lui dit :

— Brave homme, je suis messire de Rohan, de famille noble, s'il en est en Bretagne; j'irai faire un pèlerinage à Rumingol, je ferai dire les messes, et l'assassin sera pendu aux fourches de justice. Ne vous inquiétez donc plus, car l'âme sera délivrée.

Un mois après, la chambre rouge avait perdu sa couleur de sang; elle était redevenue blanche et gaie comme les autres, et l'on n'y entendait plus d'autre bruit que celui du vent, on n'y voyait plus autre chose que trois lits et un crucifix sur la cheminée.

Le voyageur avait tenu sa promesse.

Il est facile de voir, dans cette tradition, la tendance catholique du moyen-âge. La doctrine du rachat des âmes par la prière, les dotations aux églises et les offices, fut une de celles que le clergé favorisa le plus à cette époque, comme la plus profitable à ses intérêts. La plupart des superstitions de nos campagnes n'ont point évidemment d'autre cause. Ce sont des lettres de change tirées par les prêtres sur la crédulité des paysans.

Mais, à l'insu même de ceux qui inventèrent ces légendes, le christianisme y a imprimé sa trace. On peut en effet altérer la sainte pureté de ses croyances, mais non lui ôter son caractère de grandeur morale. Partout où il passe, il laisse un peu de son parfum. Ainsi, dans la tradition que nous venons de rapporter, à côté de cette doctrine intéressée du rachat des âmes, se trouve la grande idée de l'expiation, et cette assurance que, pour punir le crime, Dieu bouleverse, s'il le faut, les lois de la nature, trace des signes sur les murailles et donne une voix au cercueil. Il y a, certes, dans cette chambre rouge, qui redevient blanche et gaie après que le mort a été sauvé et l'assassin puni, une poésie saisissante, quoique grossière.

Du reste, il existe en Bretagne mille traditions dans le même esprit que l'*Auberge blanche;* nous en ajouterons, pour terminer, une seconde, plus originale peut-être et plus empreinte du cachet breton.

Pour la comprendre, il faut savoir que les foires deviennent très-souvent, dans notre province, le théâtre de rixes sanglantes qui se terminent par la mort de quelqu'un des combattants. Le souvenir de ces meurtres se transmet dans les familles et occasionne des vengeances terribles.

LE RACHETEUR D'AMES

Un soir, Ivon Kosquer sortait de son champ avec sa pioche sur l'épaule, et il regagnait le village de Plouian, le front baissé. Son cœur était triste, car il s'était fait un grand vide dans sa famille : son père avait été tué, huit jours avant, à la foire de la Martyre; tué d'un coup de *pen-baz* sur la tête, selon l'usage du pays; son meurtrier était Pierre L'Escop.

Et comme il revenait vers Plouian, Ivon pensait en lui-même : « Irai-je venger mon père, comme doit faire un bon fils? Irai-je tuer L'Escop dans la prochaine foire? Mais L'Escop est adroit et fort, il en a déjà frappé bien d'autres dans les *batteries*; s'il me tue, que deviendront ma mère et mes quatre sœurs? » Et en songeant ainsi, son cœur devenait à chaque instant plus triste, et, semblable au chien que la rage va saisir, il sentait du feu courir dans ses veines.

Comme il détournait un chemin creux, il entendit une voix qui lui dit :

— Joie et santé à Ivon Kosquer, l'orphelin de Guillerm Kosquer!

Ivon releva la tête : c'était Pierre L'Escop.

— Dieu te pardonne, s'écria le jeune paysan, mais tu es un méchant homme, L'Escop, de venir rappeler à un fils que tu as fait mourir son père. Maintenant je vais être obligé de te tuer, car mon sang crie dans mes veines.

— Ne fais pas cela, Ivon Kosquer; je vais en pèlerinage à Saint-Jean-du-Doigt pour demander pardon à Dieu. Depuis que j'ai frappé ton père, les âmes de ceux que j'ai mis à mort me poursuivent; je les porte sur moi comme un fardeau, et je vais dire des messes en leur intention. Ainsi laisse-moi passer, fils de Guillerm Kosquer, si tu ne veux que ton père brûle en enfer pour l'éternité, car je l'ai tué en péché mortel.

— Scélérat ! s'écria Ivon hors de lui, c'est donc à toi que mon père devra ses tortures? C'est toi qui en as fait un damné ! et je te laisserais te racheter de tes crimes? Non, meurs tandis que tu as sur toi le poids du sang !

En parlant ainsi, Ivon marcha sur le pèlerin, qui voulut se défendre, mais en vain : le jeune homme enfonça la pioche dans sa tête comme dans un champ labouré; Pierre L'Escop tomba et ne se releva plus.

A peine eut-il rendu le dernier soupir qu'Ivon sentit tomber sur ses épaules un fardeau qui le fit plier... Il crut que c'était l'horreur du sang qu'il avait versé et voulut fuir, mais le poids restait toujours sur lui. Alors il se rappela ce que lui avait dit le défunt, qu'il portait les âmes de ceux qu'il avait tués et qu'il allait pour s'en débarrasser à Saint-Jean-du-Doigt. Ivon, effrayé, se rendit donc au presbytère et raconta tout au curé.

— Mon fils, lui dit l'homme de Dieu, en tuant L'Escop, vous avez pris ses crimes sur vous ; toutes les âmes qui étaient à sa charge sont maintenant à la vôtre, vous avez même la sienne de plus. Accomplissez donc ce qu'il voulait accomplir, et allez vous soulager de votre fardeau au pied des autels.

Ivon partit aussitôt pour Saint-Jean-du-Doigt ; mais, en route, il pouvait à peine marcher, tant sa charge était lourde, et il croyait entendre des voix qui causaient ensemble et se disaient :

— Celui-ci est déjà bien fatigué, il ne pourra nous conduire jusqu'au lieu du pèlerinage où nous devons être délivrées.

Puis une voix reprenait seule :

— Sauvez-moi, Ivon ! Je suis l'âme d'un jeune

homme qui a été tué en pensant à sa maîtresse, et non à Dieu.

Puis une autre voix :

— Sauve-moi, Ivon ! Je suis l'âme d'un vieillard qui a été tué en pensant à son argent, et non à Dieu.

Et plusieurs voix répétaient :

— Sauve-nous, sauve-nous ! Nous sommes les âmes de ton ami, de ton cousin, de ton père...

Ivon suait comme le Sauveur portant sa croix au haut du Calvaire ; il trébuchait à chaque pas et sentait ses forces le quitter. Enfin il aperçut la flèche de Saint-Jean-du-Doigt qui s'élançait du milieu des arbres ; il fit un dernier effort... il entendit le bruit de la fontaine. — Seigneur ! s'écria-t-il, sauvez ces âmes aux dépens de ma vie...

Et, se précipitant d'un élan surhumain, il arriva à l'église et en fit le tour à genoux... Le fardeau avait diminué ; il recommença un second tour, puis un troisième, et à chaque fois, le poids d'une âme disparaissait. Enfin, au septième tour, il sentit qu'il était libre ; alors, se repliant sur lui-même comme un cheval qui a fini sa course et qui a mérité le repos :

— Seigneur, dit-il, je vous remercie de m'avoir exaucé.

Et, embrassant la croix de ses deux mains, il mourut en la baisant.

LE PARDON D'AURAY

(MORBIHAN)

24 juillet 1850.

Vers 1624 vivait, au petit hameau de *Keranna*, un chrétien fervent nommé Nicolasik. Tout en conduisant son attelage de bœufs le long des friches, le vieux laboureur répétait ses prières à sainte Anne, sa bonne maîtresse, et les paroles sacrées aidaient le soc à ouvrir le sillon.

Les champs du Bocenno se couvraient d'épis aussi pressés que les vagues de la *Petite-Mer* (*Mor-Bihan*). Si le nuage chargé de grêle s'arrêtait au-dessus, la cloche de Pluneret retentissait aussitôt et cette voix de l'*airain baptisé* forçait la nuée à continuer sa route; si les jeteurs de sort voulaient étendre la main vers les sillons pour empêcher le grain de germer, une force invisible brisait leurs bras ; si les sorciers venaient avec le cordeau magique pour enlever les gerbes et les faire passer invisiblement dans leurs granges, le cordeau n'emportait que l'*herbe d'ivresse* (ivraie). Aussi beaucoup de gens répétaient-ils dans le pays que le Bocenno était un morceau de terre du Paradis terrestre où Dieu avait oublié d'envoyer sa malédiction.

Mais Nicolasik connaissait la vérité ! Il savait que dix siècles auparavant, une chapelle dédiée à madame sainte Anne s'élevait en cet endroit, et que le Bocenno était resté sous la protection de la mère de Marie.

Le ciel ne tarda pas, d'ailleurs, à lui envoyer des signes !

Quand il revenait par les soirs d'hivers le long des andes, une lumière semblable à celle du cierge pascal marchait devant lui, tenue par une main invisible ; la rafale de mer avait beau gémir dans les landes, ébrancher les chênes et s'engouffrer sous les maisons des kourigans [1], la flamme du flambeau mystérieux restait immobile et répandait au loin un parfum d'encens! Une autre fois, comme il arrivait au soleil couchant près de la fontaine, il avait aperçu, au-dessus des eaux, une femme aérienne dont le front se couronnait d'une auréole, et une voix intérieure avait averti Nicolasik que c'était sa divine maîtresse.

Effrayé, il voulut consulter son curé, et lui raconta tout en confession ; mais dom Sylvestre Rodüez était un homme vain de sa science et qui croyait le Sinaï accessible aux seuls docteurs. Il réprima sévèrement le laboureur.

— Les saints ne se montrent point à des ignorants comme toi, dit-il.

Et Nicolasik était reparti, triste et humilié.

Cependant, arrivé au Bocenno, voilà qu'il eut une

---

[1]. Les *kourigans* sont des nains qui, selon la tradition bretonne, habitent sous les pierres druidiques appelées, par les paysan armoricains, *maisons des kourigans*. (Voir *les Derniers Bretons*.)

nouvelle vision! Au milieu des ténèbres dont il était enveloppé, des chants confus retentissaient au loin : une rumeur immense sembla s'élever, grandir, approcher ; on eût dit une marée montante ; puis tout à coup une lueur s'épanouit, éclaira la campagne, et alors un spectacle miraculeux frappa le regard du Breton.

A droite, à gauche, en avant et en arrière s'avançait une multitude innombrable ; la terre tremblait sous les flots de cette mer vivante : ils étaient vêtus de tous les costumes de la terre et accouraient des quatre aires du vent vers Keranna pour adorer la sainte patronne. Nicolasik, stupéfait, regardait sans comprendre, quand madame sainte Anne elle-même lui apparut de nouveau sur son nuage.

— Ne crains rien, lui dit-elle, et écoute-moi : Dieu veut que je sois honorée sur cette terre du Bocenno. Il y a aujourd'hui neuf cent vingt-quatre ans et huit jours que la chapelle qu'on y avait élevée sous mon invocation a été ruinée ; je viens t'ordonner de la rebâtir ; cherche mon image, et tu l'y replaceras pour le salut des chrétiens.

L'apparition disparut, mais elle avait laissé au cœur de Nicolasik une foi invincible. Il court assembler ses voisins. Une étoile marche devant lui, aperçue de tous les fidèles, invisible aux impies seulement. Elle conduit la foule jusqu'au Bocenno, et là s'éteint dans la terre. On creuse à l'endroit où elle a disparu : miracle ! l'image de sainte Anne se montre subitement sous la pioche, resplendissante de lumière !...

« C'est ainsi, dit la légende, que fut retrouvée la statue miraculeuse de madame sainte Anne d'Auray, dans le champ du Bocenno, à Keranna, en la paroisse de Pluneret, le 24 juillet 1625. »

Nicolasik lui bâtit d'abord une chapelle de chaume. Les aubépines et les genêts en fleurs lui servaient seuls d'ornement ; mais sa renommée s'étendait déjà dans toute la Bretagne. De Dol à Saint-Pol-de-Léon, les affligés et les malades accouraient prier la sainte, et tous s'en allaient guéris ou consolés. Les murs de la cabane de feuillage se cachaient déjà sous les offrandes, qui prouvaient les miracles accomplis ! Le moment était venu d'agrandir le merveilleux sanctuaire. Nicolasik reçut de nouveau un avertissement divin.

Il lui sembla qu'il voyait des anges descendre du ciel, portant des blocs d'azur qu'ils superposaient avec adresse, de manière à élever une église majestueuse. C'était le modèle divin de celle que Dieu demandait pour sainte Anne à la piété des chrétiens.

Sa forme et tous ses détails restèrent imprimés dans la mémoire de Nicolasik, comme l'empreinte de la gravure sur le vélin. Il alla annoncer partout l'ordre venu du ciel, sollicitant le riche et le pauvre à l'accomplir.

La Bretagne entière, soulevée à la voix du pauvre laboureur de Keranna, se leva donc pour réaliser son œuvre idéale. Les compagnies de *picoteurs*, ou compagnons tailleurs de pierres, arrivaient de toutes parts; les routes étaient couvertes de chariots apportant en offrande le bois, le fer et le granit. Les plus pauvres veuves mettaient à part quelques deniers pour le saint édifice.

Enfin il sortit de terre, il s'éleva, il grandit comme

un arbre immense; il poussa toutes ses branches, toutes ses feuilles de pierre, et le plus jeune compagnon plaça lui-même au sommet la croix qui devait l'annoncer de loin aux pèlerins.

L'inauguration se fit avec une pompe merveilleuse. Tous les gentilshommes de la province étaient venus : les châtelains, vêtus de velours et avec l'épée à poignée d'or; les nobles-laboureurs, habillés de toile et portant l'épée à poignée de fer. Leurs filles suivaient en robes blanches et semant les routes de fleurs effeuillées. Le roi Louis XIII et sa mère avaient envoyé les sénéchaux, les échevins, les conseillers au présidial; le duc de Montbazon, qui portait une relique de sainte Anne dans une châsse de cristal cerclée d'or, et des capitaines de la garde royale avec l'étendard aux armes de France et d'Autriche. Les paysans suivaient, conduits par Nicolasik et par la bannière de leur patronne.

Ce fut la première fête en l'honneur de sainte Anne d'Auray. Les indulgences distribuées aux fidèles à son occasion lui firent donner, comme aux autres fêtes patronales de la Bretagne, le nom de *pardon*.

Ce *pardon* se célèbre tous les ans, à la chapelle sainte et près de la fontaine miraculeuse, le 24 juillet, jour anniversaire de la découverte faite par Nicolasik.

C'est le plus fameux pèlerinage de toute la Bretagne. Il attire vers les landes de Ploëren des milliers de voyageurs du pays de Tréguier, du Léonnais, de la Cornouaille et surtout du Morbihan. Chaque évêché, chaque paroisse se reconnaît au costume; on en compte parfois plusieurs centaines.

Cette foule de pèlerins arrivent par tous les chemins, les uns portant au chapeau un épi de blé cueilli le long du sillon; les autres une branche d'ajonc en fleur ou de bruyère rose, tout couverts de poussière, haletants, mais le visage illuminé de joie : car ils viennent là pour remercier d'un bienfait ou obtenir l'accomplissement d'une espérance. Ce long toit dont ils voient les ardoises scintiller, cette tour carrée, cette lanterne à vitraux, c'est pour eux la Mecque armoricaine. Quiconque a visité une fois dans sa vie cette enceinte sacrée en rapporte des indulgences qui lui profiteront jusqu'au temps beau. Agenouillé aux pieds de la sainte, il va lui confier ces secrets désirs, qui n'ont point souvent de nom dans les langues humaines ! Que de confessions étranges ! Combien de souhaits impossibles à réaliser ! Quelles prières folles ou coupables ! Mais la patronne sait distinguer et choisir ; à chacun elle accorde selon le mérite de ce qu'il a demandé.

Cependant tous se relèvent raffermis, car tous croient et se confient ; la prudence humaine ne leur donnerait qu'une chance, la foi naïve leur donne l'espoir !

Beaucoup de pèlerins arrivent la veille, ou même l'avant-veille du *pardon*. Il faut alors camper sous les arbres, dans les landes, aux bords des marais. Chacun s'y établit selon sa richesse ou son industrie. Des feux s'allument, des groupes se forment. A voir ces costumes d'un autre temps, ces longs cheveux, ces chapelets roulés dans des mains calleuses, ces *bâtons à tête* (*pen-baz*), seules armes autrefois permises aux manants, ces rudes visages éclairés par la flamme; on dirait un bivac des paysans du moyen âge, chassés de leurs hameaux par les routiers, ou s'assemblant dans les lieux déserts pour quelque révolte contre les seigneurs.

Allez de groupe en groupe, et l'illusion deviendra plus complète. Là nul ne s'entretient des préoccupations de nos jours. Ne craignez point qu'on parle élections, chemins de fer, révision de la Constitution. Tout au plus entendrez-vous remercier Dieu de la moisson qui dore la campagne, des fruits qui font plier les pommiers; mais le plus souvent, la voix qui s'élève raconte un miracle ou rappelle une légende.

Ces légendes, redites et commentées, abrégent l'attente des pèlerins. Quelques-uns y joignent les distractions de la buvette, où coule à flots le maître cidre et le vin que l'on essaye en teignant la chemise du buveur. La tache épaisse et bleue constate la vertu de la liqueur.

Le *pardon* débute par la vente des cierges et des chapelets indispensables aux pèlerins; puis vient la visite à la source miraculeuse où Nicolasik aperçut, pour la première fois, l'image de la sainte patronne ; les eaux distribuées entre les fidèles doivent les guérir ou les préserver de tous maux.

Ce culte des fontaines est général en Bretagne ; en les plaçant sous l'invocation des bienheureux, le christianisme n'a fait que déguiser des superstitions antiques et sanctifier des habitudes païennes.

Enfin l'heure de la cérémonie religieuse arrive! Tous les pèlerins accourent alors pour assister à l'office, et rien ne peut donner une idée de la grandeur de ce spectacle!

Une foule immense est dispersée à genoux devant l'église : tous, hommes, femmes, enfants, vieillards, sont là, le front nu, dans un recueillement pieux ; tandis qu'au haut d'une tribune extérieure, à laquelle on arrive par deux escaliers, les prêtres célèbrent le service divin. Tel est le silence de cette innombrable multitude, que les paroles saintes retentissent seules dans l'espace : là où l'éloignement ne leur permet point d'arriver, le son de la clochette des enfants de chœur fait connaître toutes les phases de l'office, et pendant quelques instants ces milliers d'hommes, tout à l'heure livrés à leurs intérêts individuels, n'ont qu'une sensation et qu'une volonté !

Après le service religieux commence la grande procession autour de l'église : c'est la partie la plus pittoresque et comme la mise en scène du *pardon*. Là viennent tous ceux que l'intervention de sainte Anne a sauvés de quelque péril. Ceux-ci traînent les débris du navire sur lesquels ils ont échappé au naufrage, ceux-là le linceul que l'on avait préparé pour eux; des boiteux portent sur l'épaule les béquilles qui leur sont devenues inutiles; des incendiés, la corde ou l'échelle qui les ont arrachés aux flammes.

Mais parmi ces pupilles de la sainte patronne on remarque surtout les matelots d'Arzon : ce sont les descendants de ceux que sainte Anne a préservés des canons de Ruyter; ils marchent avec la croix d'argent de leur paroisse et le modèle d'un vaisseau de soixante-quatorze, pavoisé de tous ses pavillons; ils sont arrivés à la fête en répétant cette

Marseillaise religieuse connue sous le nom de *Chant des Arzonnais :*

« Sainte Anne bénie, ce sont vos vertus, c'est votre puissance qui a éloigné de nous la mort et les périls.

» Nous accourons à votre maison sainte pour vous remercier, car vous nous avez préservés dans les combats.

» Une troupe d'Arzonnais était partie pour l'armée, ils étaient environ quarante au commandement du roi.

» Cinq cents chrétiens de leur paroisse sont venu ici pleins de foi implorer pour eux votre secours c'était au jour de la Pentecôte.

» Voilà que nous voguons sur la Manche, sous les ordres de notre capitaine, cherchant combat e vengeance contre les vaisseaux de Hollande.

» Nous rencontrons l'ennemi, dont les mâts avaien l'air d'une forêt marchant sur l'eau ; une gueule de fer s'ouvrait à chaque sabord.

» Les boulets nous arrivaient aussi drus que

grêle de mars... Oh! jamais, jamais nous n'avions été en tel danger.

» Si terrible était le tonnerre des deux côtés du vaisseau, que partout tombaient mâts, voiles et cordages.

» Mais voyez le miracle! aucun enfant d'Arzon ne fut atteint ni par le canon ni par l'arquebuse.

» Autour d'eux s'abattent les blessés et les morts; seuls ils sont préservés par ta protection.

» Un malheureux a la tête emportée d'un boulet; la moelle de son cerveau rejaillit sur les Arzonnais.

» Sainte Anne bénie! du fond du cœur nous vous prions; conservez-nous en grâce maintenant et pour l'avenir. »

Rien ne peut rendre l'effet de ce chant en langue celtique, répété à l'unisson par deux cents voix, sur un de ces vieux airs dont les notes mélancoliques semblent destinées à retentir sur les landes arides et sur les grèves sauvages. La foule elle-même semble émue; elle écoute et regarde. Les mères montrent aux enfants ces vaillants matelots au pantalon flottant, à la ceinture rouge, au chapeau goudronné; les jeunes gens se précipitent pour voir de plus près le modèle de vaisseau consacré à sainte Anne en mémoire du fameux combat soutenu par les ancêtres. Mais les Arzonnais passent, et de nouvelles troupes attirent bientôt les regards. Ce sont les pèlerins des campagnes qui arrivent à leur tour en répétant le cantique de Pluneret.

Ceux-ci n'ont à rappeler aucun souvenir glorieux; ils ne chantent que leur pieuse confiance, leur invincible espoir, et répètent en chœur :

« O sainte patronne ! dès qu'un désastre menace le monde, nous nous rappelons ton pouvoir et nous implorons ton appui, *la face tournée vers la tour de ton église.*

» Présente à Dieu, ô toi notre grand'mère ! les supplications des gens de nos paroisses, quand, sur leurs deux genoux, ils prient Dieu, soir et matin, *en regardant la tour de ton église...*

» Et verse ta bénédiction sur les malheureux pécheurs chaque fois qu'ils te rendent honneur en saluant de loin la tour de ton église.[1]. »

Outre ces grandes scènes de la cérémonie religieuse, l'accomplissement des vœux particuliers donne lieu à mille autres épisodes. A l'extérieur, ce sont des pèlerins qui font à genoux le tour de l'église; au dedans, des matelots qui apportent de petits navires en offrande; des mères qui déposent près de l'autel les bonnets pailletés de nourrissons voués à sainte Anne; des jeunes filles qui livrent leur chevelure en reconnaissance d'un souhait exaucé. L'église est tapissée de ces pieux trophées qui témoignent du pouvoir de la sainte.

Il y a quelques années, une troupe de matelots miraculeusement sauvés se présenta au *pardon* la tête voilée. Au moment du naufrage, les survivants avaient fait vœu de se rendre en pèlerinage à Sainte-Anne-d'Auray le visage couvert et *sans se faire connaître à personne!* Les femmes, les filles,

---

[1]. Ce cantique a été imprimé en breton, ainsi que celui des Arzonnais; nous en donnons une exacte traduction.

les mères étaient là, attendant la fin de l'office !
Enfin les voiles tombèrent, et vingt cris partirent
en même temps ! cris de joie et de douleur, car
si les unes reconnaissaient ceux qu'elles avaient
pleurés, les autres se savaient enfin veuves ou orphelines !

Le *pardon* achevé, les pèlerins s'en retournent
par troupes joyeuses, emportant, avec les scapulaires, les médailles et les chapelets bénits qu'ils
doivent distribuer à la famille, une intime confiance
qui les aide à reprendre le travail, à supporter l'avenir. On peut déplorer les superstitions grossières
de nos campagnes, condamner les pèlerinages qui
enlèvent tant de bras à la moisson, Rabelais l'a
fait depuis longtemps, et il y a peu de chose à ajouter aux excellentes raisons du sceptique curé ; mais
ni lui ni les philosophes modernes n'ont tenu
compte de l'action morale des fêtes religieuses. Nos
paysans bretons ne vont pas seulement y chercher
un plaisir, mais des consolations. C'est comme une
halte dans leur rude existence ; ils viennent là pour
ouvrir leurs cœurs, pour raconter leurs souffrances

ou leurs vœux, et repartir après s'être refait un fonds d'espérance.

— Illusions! direz-vous.

— Peut-être. Mais qui donc ici-bas est assez fort pour s'en passer, et que préférez-vous, de l'erreur qui console ou de la réalité qui décourage?

Outre la célébrité que la petite ville d'Auray doit à sa patronne, elle en a acquis une tout historique par la fameuse bataille qui décida définitivement la question entre de Blois et Montfort, et livra le duché de Bretagne à ce dernier.

COSTUMES BRETONS

I

Dans le département de la Loire-Inférieure, la presqu'île du Croisic forme un coin de terre à part, non-seulement par sa position, mais aussi par son paysage, ses mœurs, ses costumes. Cette plaine, moitié terre et moitié eau, offre de loin, grâce aux mille compartiments de ses salines, l'aspect d'un vaste échiquier; des bouquets de bois, des villages, des hameaux se dressent çà et là, comme les pions de ce jeu gigantesque, et la mer l'encadre de son horizon bleuâtre.

Les dunes d'Escoublac, que l'on rencontre en se rendant de Saint-Nazaire à Guérande, forment une terrasse naturelle d'où l'on peut contempler cet admirable panorama. Elles-mêmes n'en sont pas une des moindres merveilles. Le sable, apporté grain à grain par la brise de mer, les a lentement élevées à la hauteur que vous voyez aujourd'hui. Bâties par le vent, elles tournoient éternellement sous son aile. Le ruisseau qui les sépare du bourg forme une barrière impuissante ; à chaque raffale, un nuage de sable s'élève, traverse l'eau et va se répandre sur les champs cultivés. Le laboureur d'Escoublac regarde avec inquiétude *cette cendre de la mer* qui, comme celle du Vésuve, avance toujours et semble devoir insensiblement tout engloutir. Déjà elle a recouvert une paroisse presque entière, et cette plaine aride a son Herculanum enseveli dans le sable. Quand l'ouragan la laboure, l'œil découvre tout à coup, au fond des mobiles sillons, des débris de muraille, des ossements entassés ou la pointe du clocher englouti. Un arbre seul a survécu au désastre : il marque la place l'ancien bourg d'Escoublac et verdoie sur cette grande tombe !

Ce fut en 1779 que les habitants abandonnèrent définitivement leurs anciennes demeures. Ils dépecèrent leurs cabanes, déjà à demi enfouies, en transportèrent plus loin les débris des murailles et bâtirent le bourg que l'on voit aujourd'hui.

Le vieil Escoublac avait un prieuré de moines; il tirait son nom d'un lac appartenant à l'évêque, et qui occupait la place où se trouvent maintenant Kervallet et Saillé. *Episcopi Lacus* devint, par contraction, dans le latin du moyen âge, Escop-Lac, et plus tard encore, par corruption, Escoublac. « En se promenant dans ces sables, dit Richer, on découvre quelques vallées où les eaux croupissent encore.

» Les revers de plusieurs collines sont bigarrés de blanc : ce sont des coquillages que les vents ont soulevés et entraînés avec eux. Le sol, prompt à se mouler sous le vent d'ouest, qui le rase et l'exhausse sans cesse, a pris toutes les formes. Ici ce sont des crêtes escarpées, comme des brèches dont le temps aurait adouci les contours ; là, ce sont des murs verticaux, dont quelques débris sont venus aplanir les pentes ; ailleurs, ce sont des buttes en mamelons, qu'un tourbillon vient d'arrondir ; quelques-unes s'élèvent en cône, comme un pic isolé, images fantastiques qu'un souffle a créées et qu'un second souffle va détruire. »

Le pays est plein de traditions sur l'ensevelissement du vieil Escoublac. L'imagination populaire ne pouvait admettre l'action lente et progressive qui l'a fait disparaître ; elle a voulu un désastre dramatique, un jugement de Dieu ! L'histoire de Sodome et de Gomorrhe n'avait-elle pas déjà enfanté la fable de la ville d'Is et de tant d'autres sur lesquelles l'ange exterminateur *vida les seaux de la céleste colère !* Interrogez les vieilles fileuses du pays, elles vous raconteront qu'un soir deux étrangers se présentèrent au bourg et y demandèrent l'hospitalité : c'étaient un vieillard vénérable et une jeune femme d'honnête figure, mais si pauvres qu'auprès d'eux les Briérons auraient paru des *négociants !* Ils allèrent de porte en porte sans pouvoir obtenir ni un morceau de pain pour leur souper, ni une botte de paille pour la nuit. Quand ils eurent dépassé la dernière maison, tous deux s'arrêtèrent. Le vieillard semblait indigné, et la femme pleurait, non pas sur elle, mais sur ceux qui avaient été sans pitié. Alors elle joignit les mains comme pour demander grâce; mais son compagnon arracha trois brins de sa barbe, qu'il souffla vers la mer; puis la femme et lui s'envolèrent dans le ciel ! A peine avaient-ils disparu, qu'il s'éleva un vent d'ouest tel qu'il n'en avait jamais soufflé depuis la création du monde. Il roulait dans l'air des nuées de sable si épaisses, qu'*un homme avait peine à y fourrer le bras*, et que le lendemain, au soleil levant, le bourg avait disparu. On n'apercevait plus que le coq du clocher qui se trouvait au niveau du sol. Les gens comprirent alors que le vieillard et la pauvre femme repoussés la veille étaient Dieu le Père et la Vierge Marie, qui avaient voulu éprouver les gens d'Escoublac, et qui les avaient punis de leur manque de charité !

Ne riez point de cette fable naïve; ne renfermet-elle pas la grande loi du Christ, celle qu'a commentée, sous toutes les formes, la sagesse populaire :

« *Aimez et secourez les pauvres, car ce sont les meilleurs amis de mon Père!* »

Hâtons-nous d'ajouter que la leçon semble inutile pour les habitants d'Escoublac. Là, comme dans tout le reste de la péninsule, le pauvre est un hôte envoyé par Dieu ; on ne regarde point sa présence comme une charge, mais comme une bénédiction. Il a sa place marquée à la table et au foyer. Dans aucune autre partie de la Loire-Inférieure vous ne trouverez des cœurs plus ouverts, des esprits plus sociables, des caractères plus joyeux. Ici, les paysans ne travaillent qu'en chantant! A l'époque des labours, quand les champs sont couverts de leurs pittoresques attelages, composés de deux bœufs et de deux petits chevaux, on entend des voix s'élever gaiement de tous les points de la campagne, s'exciter de loin et se répondre, tandis que les sonnettes des mules qui passent tintent joyeusement au-dessus de ce chœur champêtre, et que la mer l'accompagne de son murmure doux et profond.

C'est de la butte de Saint-Sirvais, placée à la porte du nouveau bourg, que l'on observe le mieux la presqu'île et les deux tours gothiques de Guérande.

Celle-ci se montre bientôt, enfermée dans ses vieilles murailles que crevassent de loin en loin les tonnelles de clématite ou de chèvrefeuille, et avec ses maisons de granit qui semblent hâlées par la brise de mer. Guérande était autrefois habitée par un évêque, un prévôt, les membres d'une amirauté; elle comptait douze mille habitants, et le duc Jean IV y battait monnaie. Dotée plus tard, par les rois de France, de soixante-treize juridictions, de hautes, moyennes et basses justices, elle enfermait dans son ressort quatorze paroisses. Le temps, ce ministre de Dieu, et le fisc, ce ministre du diable, ont fait de l'opulente cité ce que vous voyez aujourd'hui, c'est-à-dire un chef-lieu de canton d'environ huit mille âmes.

Parcourez ces murailles du xv° siècle, défendues

par dix tours et percées de quatre portes, aux quatre aires du vent; mais arrêtez-vous surtout près de celle du Midi, et regardez devant vous!

Cette raie d'argent qui brille au soleil et semble une rivière courant dans la mer, c'est l'étier du *Fraict;* ces lignes entremêlées et confuses, à demi noyées dans la brume, sont les *Bossis,* qui dessinent les marais alimentés par le canal; enfin, ces monticules blanchâtres, dispersés comme des tentes arabes, sont les amas de sel recueillis par les paludiers.

De loin en loin, des villages montrent leurs clochetons variés; ceux du Croisic et du bourg de Batz se dressent devant vous, semblables à deux arbres de pierre. Sur le premier plan, des blés, des landes, des vignobles. Mais défiez-vous de ceux-ci et du fameux vin du cru, le *coudor*, que l'on voudra vous faire préférer au bordeaux!

Un autre vous dira peut-être l'histoire de Guérande; il vous racontera alors les trois grandes défaites des *rois de mer* dans ces plaines engraissées de leurs ossements, et la terrible expédition de Louis d'Espagne, qui, après avoir laissé brûler les

Guérandais réfugiés dans leur église, pendit les soldats qui avaient apporté les fagots, afin d'apaiser « l'ire de monseigneur saint Aubin ». Pour nous qui suivons l'artiste, et qui n'avons, comme lui, qu'à esquisser le paysage et le costume, nous ne ferons que traverser la vieille capitale du *pays de sel* : car cette contrée est plus riche en marais salants qu'aucune autre; elle renferme les six dixièmes de ceux qui se trouvent entre la Loire et la Vilaine. Avant la Révolution, elle était exempte de la gabelle, et les peuples du Nord venaient chercher leur sel à Guérande; depuis, l'impôt a détruit tout commerce, le port est devenu une ruine, et la richesse publique s'est tarie.

Ne passons pas cependant sans nous arrêter devant ce groupe que nous avons saisi au passage. Le paysan qui vient, suivi de sa jeune femme, offrir le produit de sa chasse et de sa basse-cour, habite la campagne de Guérande. Son costume appartient à Saint-André-des-Eaux, à Saint-Lyphar, à Saint-Molff et aux lieux environnants. Il diffère de celui du bourg de Batz en ce que la veste et le gilet sont de laine. Ses hauts-de-chausses, qu'il appelle *houssines*, et ses guêtres sont de *berlinge*, étoffe de laine brune et de fil croisé en usage dans toute la Bretagne; son chapeau, beaucoup moins large que celui des paludiers, n'est point relevé sur les bords. Les deux femmes en grandes coiffes, qui reçoivent et admirent le présent qu'il leur offre, sont des habitantes des faubourgs. Elles portent l'élégant costume de cette classe intermédiaire qui sépare le paysan de la bourgeoisie, et désignée dans le siècle dernier par le nom de *classe artisane*. Le lit à colonnes torses que vous voyez au fond est un vieux meuble de famille que la mode n'a point encore réformé; le crucifix et le rameau bénit qui pendent au mur, un pieux symbole que l'incrédulité n'a point encore fait disparaître. Les visages ont la sérénité douce et puissante qui est le caractère général de cette race cambrienne qu'un vieux poète a comparée à *un chêne revêtu de mousse*.

Mais quittons Guérande, engageons-nous dans ces campagnes entrecoupées de bruyères ou de bosquets de pins. Les calvaires, encore ornés des couronnes de fleurs et des branches bénites le dimanche des Rameaux, nous aideront à reconnaître la route; la sourde rumeur de la mer nous dirigera. A chaque pas l'aspect change, et, avec l'aspect, la physionomie et le costume. Nous voici arrivés à un de ces puits dans les sables, où l'on vient de toutes les paroisses voisines. Vieilles mères, jeunes mariées, filles à pourvoir, s'y rassemblent et échangent leurs nouvelles; c'est l'oasis du désert. Que d'amitiés formées là, combien de secrets surpris ou confiés, que d'alliances projetées! Devant ce puits isolé dans la plaine aride, vous pensez, malgré vous, aux abreuvoirs de Madian, où Moïse défendit les filles de Jettero, et au puits où le serviteur d'Isaac vit venir Rebecca! A toutes les époques, les sources ont été un lieu de rencontre, un élément de sociabilité et un moyen d'alliance; leur aspect lui-même a quelque chose de salutaire et de reposant. Les Grecs ne furent pas les seuls à donner une divinité aux fontaines, tous les peuples y ont attaché une idée d'admiration, d'amour, de respect. L'eau n'est point seulement la grâce, mais la séve de la nature; c'est le lait auquel s'abreuve la création entière. Les miracles les plus ordinaires de nos saints ne sont-ils pas des sources jaillissant tout à coup sous le choc de leur bâton? « Dieu, qui avait formé le monde dans sa colère, dit un poëte indien, l'avait fait sec et aride; mais, en voyant l'homme errer sur cette terre dévorante, il en eut pitié, et versa une larme qui créa les sources des fleuves et la mer. »

Le hasard a groupé autour d'un de ces puits des physionomies et des costumes empruntés à plusieurs paroisses. La vieille femme qui est au fond, et qui, déjà désintéressée des choses du monde, rompt la première l'entretien et se dispose à partir, vient des dunes arides d'Escoublac; sa nièce, assise sur le devant, près du puits, continue, au contraire, à écouter avec une attention souriante; près d'elle, une jeune fille de Carheil, la main encore posée sur le seau qu'elle vient de remplir, regarde une hardie *laboureuse* de Pornichet qui apporte les nouvelles du marché. Au fond, est une paysanne des environs de Guérande, à demi cachée sous sa large coiffe; et tout à fait derrière le groupe, une femme d'Herbignac laisse entrevoir le haut de sa coiffure, qui encadre son visage comme les ailes d'une phalène.

Le village de Saillé, situé à une lieue de Guérande, et le bourg de Batz, placé à une distance double, peuvent être regardés comme les deux points les plus importants et les plus curieux de la presqu'île; tous deux sont entourés de marais salants et conséquemment habités par des paludiers.

Ces marais salants consistent en compartiments disposés de manière à faciliter l'évaporation de l'eau de mer et la cristallisation du sel qu'elle contient. Cette eau monte à chaque marée dans les *étiers*, espèces de canaux bordés de chaussées servant de chemins et qu'on nomme *bossis* ; l'eau passe ensuite par un conduit souterrain, la *coëf*, dans la *vasière* où elle commence à s'évaporer, puis dans les *cobiers*, les *fares*, les *adernemètres*, et elle entre enfin dans les *œillets*, où le sel se forme définitivement. Le nombre des compartiments successifs dans lesquels l'eau est ainsi promenée diffère selon les salines. Les unes sont plus simples, d'autres plus compliquées, mais toutes tendent au même but :

faciliter l'évaporation du liquide. Le paludier y aide en venant l'agiter de temps en temps.

Pendant l'hiver, on laisse les salines sous l'eau afin que la gelée ne puisse point détériorer les cloisons de terre glaise qui les composent; on les assèche vers la fin d'avril, on les répare, on corroie le fond de tous les réservoirs afin d'éviter les infiltrations; puis on fait une *prise* d'eau de mer. Dans les mois de juin et de juillet, cette *prise* se renouvelle tous les deux jours; dans les mois d'août et de septembre, tous les trois jours seulement. Le dépôt de sel, à chaque *prise*, est d'une ligne d'épaisseur dans les fortes *saunaisons*, ce qui donne cent vingt livres de sel par œillet. On le laisse égoutter sur de petits plateaux réservés entre les œillets et qu'on appelle *ladures*. Les femmes viennent alors le prendre dans des vases appelés *gèdes*, qu'elles posent sur leur tête, et, courant pieds nus le long des cloisons glissantes de la saline, elles transportent la récolte sur les *tremés*, où elle est mise en mulon et recouverte d'une enveloppe de terre glaise pour échapper à l'action de la pluie.

Le sel qui se cristallise à la surface forme une espèce de crème blanche qui exhale une odeur de violette, et qu'on abandonne aux *porteresses* pour leur salaire.

Ce qui frappe d'abord l'étranger, à Saillé comme au bourg de Batz, c'est la population elle-même. Là se trouvent les plus beaux types de cette race péninsulaire qui tient au Celto-Aquitain de la Loire par la haute taille, l'opulence des lignes, l'élégance des attitudes; au Celto-Breton de l'Armorique, par sa vitalité tenace et son énergie tout intérieure.

Les femmes surtout fixent les regards les moins attentifs. Grandes, richement modelées, l'œil doux, la bouche gravement souriante, elles ont, en même temps, le charme qui attire et la noblesse qui impose.

A Saillé, pourtant, leur beauté a quelque chose de moins fier. En voyant ces tailles si hardiment cambrées, ces mouvements si libres, tout cet ensemble si triomphant de puissance et de volupté, on croirait retrouver les modèles des Nymphes du Carrache ou des Naïades de Rubens. C'est surtout dans le costume de travail, telles qu'on les voit à Nantes, portant, de maison en maison, le sel ou le pain, que les filles de Saillé ont leurs allures les plus vives et les plus attirantes. Dans leur riche costume de noces, la meilleure partie de cette grâce païenne disparaît.

Cependant ce costume lui-même est moins puritain que celui des mariées du bourg de Batz. La coiffe découvre plus le front; au lieu de se tenir droite, la collerette retombe sur les épaules ; la taille s'allonge davantage et ne dissimule point les formes ; la *pièce*, mi-partie or et argent, laisse voir la naissance de la gorge, et la jambe se dessine sous un court jupon [1].

---

[1]. Voici l'indication du costume des mariées de Saillé. Les cheveux, divisés et tressés avec soin, sont enroulés dans une bandelette et ramenés sur le front du manière à former une couronne; ils sont en partie recouverts d'une petite coiffe de batiste, terminée en pointe, et dont les deux ailes flottent sur le cou ; sur cette coiffe est posée une grande couronne de fleurs d'oranger; à la pointe s'en trouve une seconde toute petite. Le cou est garni d'une grande collerette de dentelle qui retombe en formant un gros pli au milieu du dos ; elle est engagé dans un corsage violet avec manches rouges. La croix est suspendue à un petit velours dont les bouts, attachés derrière, se terminent par

Aussi, gardez-vous de prendre une femme du bourg de Batz pour une femme de Saillé ; votre erreur lui semblerait une offense. De mœurs plus sévères que leurs voisins, les habitants de Batz n'envoient point leurs filles trafiquer à la *grande ville ;* ils les

deux glands par-devant. Une pièce, moitié or et argent, monte de la ceinture à la naissance de la gorge. Les manches sont courtes ; elles ont des parements en drap d'or brodé de soie ; la jupe est violette, régulièrement plissée, avec bourrelet saillant. Sous les manches rouges paraissent deux ou trois autres manches blanches disposées par étage, ainsi que le bas des jupes auxquelles elles appartiennent. La mariée est chaussée de bas rouges à fourchettes, et de souliers à rosettes en rubans. Le tablier est habituellement de soie violette.

Le marié est coiffé d'un grand chapeau : la moitié de ses larges bords est *relevée* de manière à former une pointe dans laquelle on fixe un bouquet de fleurs artificielles : un large ruban de soie et des chenilles bariolées ornent la cuve, basse et arrondie. Le col de chemise est large et retombe naturellement, sans être retenu par une cravate. Un premier gilet de basin blanc se croise sur la poitrine, à la hauteur du cou, et cache entièrement la chemise ; il est très-long et couvre une partie du ventre ; un second gilet un peu moins long, en flanelle blanche, bordé du lis de l'étoffe, boutonne droit, mais reste entr'ouvert par le haut et laisse paraître celui de dessous ; un troisième gilet, de même forme que le précédent, mais en drap bleu foncé, un peu moins long que les deux autres, forme un troisième étage ; il est un peu fendu sur les hanches et garni, autour des boutons et des boutonnières, d'un liseré vert. Enfin, par-dessus ces trois vêtements, se porte la *chemisette,* espèce de paletot rouge tombant droit et moins long que les gilets.

gardent près d'eux, au milieu de la pure atmosphère du travail et de la famille, dans cette ignorance des tentations qui est la moitié de la vertu. Ils ont conservé, par suite, des costumes qu'on ne retrouve plus qu'aux limites extrêmes de l'Armorique, là où les apôtres bretons avaient posé leurs colonnes d'Hercule en élevant un autel à *Notre-Dame-Fin-de-Terre*. Vous ne rencontrez pas seulement à Batz le costume, les habitudes et les croyances des Bretons de la Domnonée, mais le bourg lui-même ressemble à ceux de nos côtes finistériennes.

Cet élégant clocher qui pyramide dans le ciel; cette vieille ruine de Notre-Dame, dont toutes les ogives debout se dessinent sur un sable blanc et sur l'azur de la mer; ces maisonnettes de granit, à toits ardoisés, tout rappelle les villages maritimes bâtis aux orées de nos vals ou posés sur les crêtes de nos promontoires.

Vous y trouverez également les habitudes hospitalières du Léonais et de la Cornouaille. Ici, l'étranger est reçu avec empressement, presque avec reconnaissance. Les soins qu'il accepte sont tenus à honneur; s'il veut les récompenser, le paludier répond avec une fierté cordiale qui est la grâce du pauvre : « Le plaisir de vous voir nous a payés. »

L'ameublement des maisons du bourg de Batz est plus riche que celui des fermes armoricaines ; il n'est point en chêne noir, mais en bois rouge et vernis. Les principaux meubles sont des armoires à portes sculptées, un buffet surmonté d'un vaisselier garni d'assiettes à fleurs coloriées ; une petite table basse et triangulaire sur laquelle on pose le plat destiné au repas de la famille, et des bancs à dossier placés près du lit. Ce dernier, très-élevé au-dessus du sol, est orné de quatre colonnes torses qui supportent un baldaquin orné de festons ; des rideaux de serge verte l'entourent. Deux longs sacs bourrés de sarment sont surmontés d'une paillasse, puis d'une cossette de plume, et le tout s'élève assez haut *pour qu'il y ait à peine la passée sous le baldaquin*. Ceci est le comble du bon goût et de l'opulence. On garnit le chevet de trois oreillers bordés de dentelles et quelquefois recouverts de velours.

Contre l'ordinaire de ce qui se voit dans le reste

de la Bretagne, les cheminées sont petites ; un des coins est occupé par un coffre dans lequel on renferme la poterie destinée aux usages familiers.

Au bourg de Batz, l'habillement diffère selon les jours et selon les circonstances ; il a toujours une signification qui vous fait reconnaître le travailleur ou l'oisif, le veuf ou le nouveau marié.

Supposez un dessin où l'artiste aurait réuni les principales variétés de ce costume ! Le jeune paludier qui fume porte l'habillement des dimanches ordinaire, composé de la culotte de fine toile, des bas brodés, des trois gilets superposés et du chapeau orné de chenilles. Derrière lui, ce vieillard qui regarde a conservé, au contraire, la souquenille de toile avec les deux poches sur la poitrine, les guêtres de voyage et le fouet en bandoulière qui constituent le costume journalier. La petite fille placée à gauche vient de poser sur sa tête la *gède* des *porteresses*, et de retrousser sa jupe avec une lisière afin de courir plus librement sur les *bossis* ; son costume est celui des heures du travail. Au fond, vers la droite, cette vieille paysanne enveloppée d'une

toison noire et triangulaire, dont le sommet lui
cache le cou et qu'elle retient par devant en joignant
les mains, est une femme en grand deuil, qui prie
tout bas pour les trépassés. Près d'elle marche sa
fille, portant l'habit des dimanches, composé de la
coiffe en pointe rattachée sous le menton, du petit
châle à franges, du tablier de soie surmonté de la
pièce de la même étoffe, et du cotillon de laine sombre, recouvrant plusieurs jupes étagées.

Quant aux costumes des mariés, sa complication
et sa richesse le font reconnaître au premier coup
d'œil. La jeune fille porte une coiffe de batiste qui
enveloppe une couronne de roses nouée par un large
ruban rouge. Sa tête est encadrée dans une collerette de dentelle empesée; son corsage violet s'attache à des manches d'un rouge éclatant, des
velours noirs garnissent les parements et les emmanchures; au-dessous paraissent les manches
blanches terminées par des manchettes de dentelle.
Un plastron de drap d'or et d'argent couvre la poitrine et se fixe aux épaules par deux rosettes brillantes. Un jupon violet, un tablier jaune moiré, des

bas rouges à fourchettes, des mules en velours, une croix d'or et le bouquet de roses complètent le costume.

Celui du marié se compose du grand chapeau dont la corne se porte par devant, des trois gilets superposés, de la *chemisette* ou paletot de laine brune, du petit manteau vert-bouteille retenu sur l'épaule par une agrafe d'argent, du large caleçon de laine fine, des bas blancs à fourchettes, et des souliers jaunes avec longues rosettes de rubans.

Au sortir de l'église, les mariés et les gens invités à la noce se réunissent sur la place pour danser au son de la musette. Tous forment une chaîne qui s'enroule et se déroule en cadence sur elle-même; c'est un mouvement continu de va-et-vient, interrompu, à des intervalles réguliers, par un saut d'un pied sur l'autre.

Après la danse, le marié et la mariée vont dîner séparément, chacun dans sa famille; puis le nouvel époux vient réclamer sa femme. Comme en Cornouaille on la lui cache, en répondant qu'on ne sait ce qu'il demande, et on lui présente successivement une veuve, une vieille femme, une enfant, mais sans les improvisations rimées qui rendent cette coutume si poétique chez les Kernewotes des montagnes. Il faut enfin que le marié entre et découvre lui-même sa jeune femme dans le réduit où ses compagnes l'ont cachée. Les deux familles se trouvent alors réunies ; on apporte trois pains qui sont partagés entre les assistants, et les jeunes filles commencent la douce et triste chanson de *Madame la mariée*. A chaque couplet on verse à boire ; un des parents s'écrie :

— A la santé de *madame la mariée!*

Et tous répondent :

— *Honneur!*

La danse recommence ensuite jusqu'au moment où les nouveaux époux sont conduits à leur ménage.

Les paludiers ne se marient qu'entre eux ; le bourg est une grande famille où vingt habitants portent le même nom. On ne les distingue le plus souvent que par le sobriquet dont les a baptisés la malice populaire : ces sobriquets sont des jugements ou des souvenirs, et chacun trouve ainsi, dans son nom d'emprunt, le titre de sa propre histoire.

Le métier des paludiers est pénible et peu profitable. N'étant point propriétaire des marais, ils ne perçoivent que le quart de la récolte ; or, une famille de cinq personnes ne peut surveiller que cinquante œillets, et ne reçoit ainsi, en terme moyen, pour son travail de l'année, qu'une somme de deux cent douze francs. Mais les habitants de Batz suppléent à l'insuffisance de ces gains par leur industrieuse activité. Dès que les travaux des marais sont achevés, ils équipent leurs mules et leurs petits chevaux, et vont transporter du sel à vingt et trente lieues dans les paroisses les plus écartées. Ils l'échangent contre des blés, de la cire, du lin, et revendent ces denrées dans les villes de passage.

Ce commerce, qu'ils appellent *la troque*, les a rendus très-sociables et de très-bons calculateurs. Presque tous savent lire et écrire, et le bourg de Batz est un des premiers, en France, où l'enseignement mutuel ait été établi. Souvent leurs femmes les accompagnent dans ces courses lointaines : la première mule, *libre de charge*, leur est abandonnée pour monture, et elles travaillent, avec le mari, à faire profiter *la troque*.

Plus hardies en paroles, comme toutes les femmes, plus adroites à deviner ce qui peut plaire, plus promptes aux expédients, elles augmentent les profits du voyage et en amoindrissant l'ennui.

Que de fois avons-nous rencontré, sur les routes herbeuses qui relient nos villages, ces longues caravanes conduites par la maîtresse mule, que distinguaient ses sonnettes et les houppes bariolées de son harnais ! Sur l'accotement marchait le saunier, s'égayant à exécuter avec son fouet mille batteries sautillantes ou mille points d'orgue prolongés et sonores. Ses pieds étaient poudreux, le soleil échauffait son teint hâlé ; la route se déroulait au loin en interminables méandres, et à peine si l'on voyait poindre à l'horizon le clocher du village où il espérait le repos ; mais, des deux côtés du chemin, les oiseaux gazouillaient sur les buissons et les grillons dans les blés ; le parfum du chèvrefeuille arrivait par rafales, les haies, fouettées au passage, faisaient pleuvoir sur sa tête les fleurs d'aubépine, et, comme enveloppé dans toutes ces harmonies et dans tous ces parfums, le pauvre saunier allait gaiement, à la grâce de Dieu, entrevoyant peut-être vaguement, au milieu des vapeurs lointaines, l'image de quelque maisonnette au seuil de laquelle une femme attendait, assise, et où deux enfants jouaient dans un rayon de soleil !

II

Hors de la presqu'île guérandaise, le département de la Loire-Inférieure n'offre plus ni usages ni costumes bien caractéristiques ; la civilisation moderne a fait adopter partout sinon ses lumières, au moins ses usages et sa livrée. Au large habit que portait le laboureur, dans le dernier siècle, a succédé la veste des corporations ouvrières, que la blouse contemporaine remplacera bientôt. A peine retrouverez-vous dans la coiffure de la paysanne, dans son corsage trop court et dans son petit châle échancré vers la nuque, quelque faux air du disgracieux costume qu'elle portait autrefois. Pour ceci, comme pour tout le reste, la mode finira par vaincre l'habitude : si la forme primitive n'a point encore disparu, on sent déjà qu'elle se déguise. Nos cotons imprimés, nos légères toiles de laine se substituent partout aux lourdes étoffes du moyen âge ; le tulle et la gaze envahissent les plus lointains hameaux, et si les goûts diffèrent encore, les instruments de coquetterie ne diffèrent presque plus.

C'est surtout dans les petites villes, parmi les populations artisanes, qui séparent le bourgeois du paysan, que l'on peut remarquer cette espèce de compromis entre le présent et le passé. Quatre points du département doivent spécialement être cités à cet égard pour le costume élégant adopté par les femmes : ce sont Nort, Pornic, Machecoul et Bourgneuf.

Quiconque a visité Nantes connaît l'Erdre, espèce de long étang autrefois endigué par Saint-Félix, et que recommande au touriste la grâce mélancolique de ses rives. Remontez cette eau noire et dormante qui coule invisiblement comme la vie, passez devant le *Rocher-d'Enfer*, le *Petit-Port*, et arrêtez-vous à la baie de la *Verrière ;* cette ruine que vous apercevez au sommet du coteau, à demi enfouie sous la ronce, était l'un des châteaux de ce fameux Gilles de Batz dont les crimes épouvantèrent le xv° siècle. Vous êtes ici au berceau même du terrible Barbe-Bleue ! Montez la rampe taillée dans le roc, vous arriverez à une enceinte tapissée de lierre, autour de laquelle se dressaient naguère encore sept arbres funèbres en l'honneur des sept victimes immolées par le Néron des contes populaires. Là, regardez du côté des eaux. Au lieu de l'herbe qui verdoie et de la route qui poudroie, vous apercevrez de joyeuses barques qui se croisent; vous entendrez les rires et les chants des promeneurs près d'aborder; car cette sombre ruine est devenue un pèlerinage pour les jours de fête. Les jeunes filles y accourent pour cueillir la pervenche avec leurs fiancés, sans que la vue de la terre maudite éveille chez elles aucun funeste pressentiment. Le temps des légendes est passé sans retour, et notre siècle n'a plus de Barbe-Bleue; de tous les personnages du drame de Perrault, il n'a survécu qu'une immortelle sœur Anne, l'Espérance, à qui l'humanité aspirante demande toujours si « elle ne voit rien venir. »

Mais passons vite. Voici le bassin de la Desnerie tout hérissé de macres (*trapa natans*) et tout fleuri de nénufars ; puis la passe du Bois-Hus, puis un nouveau bassin, celui de la Gascherie, au bord duquel se montre le vieux château qu'habita, en 1557, la reine de Navarre. Ne vous arrêtez point aux charmantes perspectives qui s'ouvrent sur les deux bords, ne donnez qu'un coup d'œil au bourg de Sucé, qui semble nous appeler de loin; traversez la plaine de Mazerolles, parsemée de ses marais flottants vers lesquels les troupeaux s'élancent à la nage, et où s'élèvent deux îles célèbres, l'une que couvre la vigne de Saint-Denis, l'autre où se dresse un chêne séculaire. Là, dit la tradition, s'étendait autrefois une forêt immense; une jeune fille y fut surprise par le seigneur de Mazerolles, comme Daphné par Apollon, et, fuyant comme la nymphe mythologique, elle implora le secours de Marie. A l'instant même, toutes les sources grossirent et inondèrent la forêt, ne laissant au-dessus des eaux que l'île de la vigne et celle du chêne : l'une où la jeune fille trouva un abri, l'autre où son persécuteur resta prisonnier. Mais, enfin, voici la petite ville de Nort que nous cherchions et la maison de la jeune mariée où nous allons vous introduire. Vous avez ici, dans toute son élégance, un des costumes transitoires dont nous parlions il y a un instant. La coiffure appartient au passé ; mais voyez comme elle se marie gracieusement aux formes plus modernes de la robe et du tablier. Avec quel art le goût féminin a su donner quelque chose de pastoral au luxe de la ville ; que de finesse dans cet éclectisme de la coquetterie villageoise ! La charmante épousée, parée du bouquet nuptial par sa petite sœur, et qu'une amie contemple de loin avec une admiration jalouse, ne paraît point tout à fait une demoiselle, mais n'est déjà plus une paysanne ; c'est une femme qui se sent belle et qui sait ce qu'il faut faire pour le paraître.

Le costume de Pornic diffère de celui de Nort par les coiffures. Là, elles sont plus riches, plus effilées, plus gracieuses, et la haute charpente en carton bleu qui soutient ce léger édifice de dentelles lui donne une teinte en harmonie avec les visages qu'il couronne.

La grande coiffe que porte la jeune femme est la coiffe de noces, tombée aujourd'hui en désuétude, parce qu'elle était la parure des *anciennes* du bourg, et que l'on veut, comme dans la grande ville, obéir aux capricieuses fluctuations de la mode. Ce coiffage était commun à toutes les villes du pays de Retz ; on le trouve encore dans l'île de Noirmoutiers. A Pornic, un œil attentif peut reconnaître dans le choix des étoffes, dans quelques détails de l'ajustement, dans la disposition des cheveux, une coquetterie encore plus raffinée qu'à Nort. On sent ici l'influence des baigneuses que l'été ramène tous les ans sur la plage du Trouville breton : Thémistocle est jaloux de Miltiade! Les trophées des élégantes étrangères ont empêché les belles Pornicaises de dormir.

A Machecoul, nous retrouvons, sous les mêmes formes, une grâce plus champêtre. Ces jeunes filles, surprises cueillant des roses à l'entrée d'un courtil de la vallée des Chaumes, conservent encore, dans leur physionomie, une sorte de naïveté pastorale. Elles peuvent, à toute force, conduire un agneau par un ruban rose, et sont des bergères de l'école de Florian et de Fontenelle.

Qui croirait que, tout près d'elles, se retrouvent les souvenirs du monstre dont nous avons visité le château en remontant l'Erdre? Machecoul était la capitale du pays de Retz. Avant la Révolution, on montrait, dans l'ancienne demeure du maréchal, le cimeterre gigantesque dont il frappait ses victimes.

Depuis, l'épée de Barbe-Bleue a disparu ; mais son histoire épouvante toujours les veillées d'hiver.

Vous l'entendrez également raconter à Bourgneuf, dépendance de la même seigneurie, et naguère contrée maritime, mais dont les flots s'éloignent chaque jour. Là où, vers la moitié du dernier siècle

(1752), retentissait le canon de détresse d'un vaisseau ennemi, on voit paître aujourd'hui les troupeaux, et les débris du naufrage se dresser au milieu des blés mûrs.

A Bourgneuf, le costume des femmes est à peu près le même que celui de Machecoul et de Pornic. La coiffure la plus ordinaire est la *dormeuse* dont la forme élégante et svelte rappelle les coiffes normandes; l'autre, seulement en usage pour les noces ou les jours de grande toilette, est, à peu de chose près, la coiffure des dames nobles du douzième siècle.

Les autres costumes du département de la Loire-Inférieure ne se distinguent guère que par les coiffures des femmes.

Au-dessus de Nantes, où les populations sont plutôt agricoles que maritimes, les paysannes portent des coiffes de dentelle dont le fond, assez élevé et plissé régulièrement, ajoute quelque chose à la taille et accompagne heureusement des visages brillants de force et de santé. Ces coiffes rappellent les *dormeuses* de Nort, de Châteaubriant, de Nozay, de

Blain et de Bourgneuf, sans avoir, toutefois, leur coquette élégance.

Au-dessous de Nantes, à la Basse Indre, à Couëron, au Pellerin et vers les autres petits ports de la basse Loire, le bassin élargi du fleuve est sans cesse battu par des vents humides qui défendent l'usage des coiffes légères : aussi, celles que l'on porte sont-elles plus ordinairement en flanelle blanche. Ces espèces de *câlines* ont la forme svelte ; le fond, mince et élevé, se rattache au corps de la coiffe au moyen de petits plis nombreux ; elles sont serrées au chignon par un large ruban, habituellement noir, qui forme une pointe vers le front et dont les deux bouts flottent sur le cou.

La même câline est encore en usage dans l'intérieur du département, à la Chapelle-sur-Erdre, à Carquefou et dans les autres environs de Nantes ; mais sa forme est ici moins gracieuse : l'usage de porter sur la tête des fardeaux a nécessité certaines modifications qui n'ont ajouté à la commodité de la coiffure qu'aux dépens de son élégance.

Enfin, auprès de Blain, on rencontre parfois la

vieille coiffe de cette contrée, d'une forme basse, mais curieuse, et terminée, sur le haut de la tête, par un angle aigu qui lui donne l'apparence d'un casque de soudard.

Quant aux costumes des hommes, celui du marié de Nort peut en donner une idée. Si vous exceptez le bourg de Batz, Saillé, Guérande et la Bryère, vous retrouverez partout cette veste trop courte, ce pantalon trop large, cette cravate étroite et ce chapeau-ballon à longs poils. Dans la Loire-Inférieure, comme dans le reste de la France, l'homme tend des modes anciennes vers les nouvelles en traversant le ridicule et la laideur.

Au reste, encore quelques années et les dernières traces de l'habillement de nos pères auront partout disparu! L'aisance et l'instruction, en amoindrissant l'intervalle entre les classes, effaceront chaque jour davantage les différences extérieures qui les distinguaient; mais cette transformation se fera au profit de tous. Le flot du progrès prend la société en dessous pour élever ce qui est resté trop bas, non pour abaisser ce qui s'est élevé; les modes de l'avenir ne peuvent tendre à raccourcir les habits, mais bien à allonger les vestes.

Peut-être le pittoresque y perdra-t-il quelque chose : en trouvant nos campagnes semées de cottages confortables et fleuris, peut-être quelques artistes se rappelleront-ils les chaumières croulantes, aux toits veloutés de mousse et de saxifrages ; en ne rencontrant par les sentiers que des laboureurs bien vêtus, peut-être regretteront-ils les haillons que leurs pinceaux savaient embellir. Mais celui pour qui l'humanité ne paraît point seulement un modèle qui pose et dont l'âme est absente, celui-là, devant un pareil spectacle, ne sentira que reconnaissance, et il bénira la civilisation, car il comprendra que rendre heureux les hommes est une manière de glorifier Dieu !

NANTES

I

Nantes à trois époques. — La Cour du roi Baco. — La Chezine. — L'entrepôt. — Le château. — La cathédrale et le tombeau de François II. — La chapelle de la Miséricorde.

Vers le premier siècle de l'ère chrétienne, on voyait, à quelques lieues au-dessus de l'embouchure de la Loire, une réunion confuse de villages couverts de chaume et à moitié cachés parmi les saules. D'étroits chemins, bordés de bouleaux, unissaient entre eux ces différents hameaux. Les vertes prairies s'étendaient par derrière, et l'on voyait tourbillonner au-dessus les oies sauvages qui venaient s'abattre le long des rives. Tout était champêtre et tranquille : seulement, parfois, à la marée montante, on apercevait dans la brume des barques noires glissant sur les eaux comme des serpents marins, et qui, suivant un des bras du fleuve, s'y perdaient parmi les feuillées. Alors, du côté où elles avaient disparu, on entendait s'élever des cris de mort ; on voyait étinceler des flammes ; puis les barques reparaissaient emportées par le jusant, et passaient, rapides comme des flèches, toutes chargées de dépouilles sanglantes, de femmes garrottées et d'enfants en pleurs.

Cette grande bourgade sans défense était Nantes, alors exposée aux attaques des corsaires de toutes nations, qui remontaient la Loire pour piller la ville, brûler les maisons et emmener les habitants en esclavage.

Plus tard, vers le treizième siècle, les saules, les bouleaux, les prairies avaient disparu, et, à la place des hameaux, s'étendaient des quartiers populeux. Nantes avait grandi : un long rempart de pierre l'enveloppait comme une armure, les archers veillaient sur ses tours crénelées, les pendus chargeaient ses fourches de justice : cette ville était devenue le plus brillant joyau de la couronne de Bretagne, et rien ne manquait plus à la cité du moyen âge, pas même la peste, qui enlevait tous les cinq ans un tiers de la population.

Telle qu'elle existe de nos jours, Nantes ne rappelle que fort peu le passé. Il ne faut plus y chercher ni la capitale des Namnètes, ni la ville féodale; les cabanes primitives y ont été renversées depuis longtemps, et la pioche est au pied des dernières maisons gothiques. Où le fleuve baignait des prairies, il ne trouve plus que des canaux de pierre; où serpentaient les vertes oseraies s'élèvent des frontons sculptés et d'opulentes façades; où glissaient les navires de pirates flottent de paisibles bateaux laveurs. Nantes n'a rien gardé de l'air de ses anciens jours. C'est une ville de ponts, de péristyles, de palais et de colonnes ; une cité d'Italie perdue dans les vallées de la Bretagne; Venise, sauf le soleil et les gondoliers.

Et cependant, sous ce replâtrage moderne, que de belles empreintes du passé ! que de touchantes chroniques dans les vieux noms tracés encore à tous les carrefours de cette jeune ville ? Allez sous les arbres de la Fosse, le long de cette belle lagune où flottent les grands navires dont la cale entr'ouverte exhale les aromes de l'Inde, et interrogez les souvenirs qui vous environnent. Là-bas, sur ce rocher de l'Ermitage, est la *Cour de Baco*, monarque miraculeux qui fonda sa royauté sur la générosité et le dévouement !... Aussi n'a-t-il point laissé de dynastie ! — Interrogez un vieux matelot du port, il vous dira son histoire.

Baco était un pauvre et joyeux enfant, qui partit de Nantes à douze ans, n'emportant même pas la bénédiction d'une mère, car il était orphelin. Il entreprenait le tour du monde avec deux chemises de laine nouées dans un mouchoir bleu... humble trousseau du mousse, au fond duquel, pourtant, il avait trouvé place pour l'espérance ! Elle ne le trompa point. Vingt ans après, Baco revint des Indes orientales riche à millions. Il se fit construire une demeure somptueuse sur le coteau de l'Ermitage, au lieu même où il était né, et bâtit alentour un village pour les familles de vieux marins. Ce champ d'asile, qu'il ouvrit à près de deux cents malheureux, qui reçurent de lui l'abri et la nourriture, prit le nom de *Cour de Baco*, paisible cour composée de vieillards et d'enfants, au milieu desquels le roi de la colline venait causer chaque soir et chanter les airs du pays. Bientôt la réputation de l'heureux royaume se répandit au loin ; on accourut de toutes parts pour réclamer de Baco le titre de sujet, mais il ne restait plus de place sur son coteau fortuné. — Alors ceux dont il avait été forcé de repousser les prières, ne voulant point perdre de vue cet Éden à la porte duquel ils avaient frappé trop tard et où ils espéraient entrer un jour, s'établirent sur une hauteur voisine et y fondèrent un village, espèce de purgatoire auquel ils donnèrent le nom plaintif de *Miséri*. La *Cour du roi Baco* a disparu depuis longtemps, et son souvenir même commence à s'effacer; mais la sombre colline est toujours debout, avec son triste nom et son peuple de malheureux qui espèrent...

C'est aussi à quelques pas de la Fosse que se trouve la Chezine, ce Simoïs nantais qui, s'il en faut croire la tradition, reçut autrefois les flottes de César, et qu'aujourd'hui trois écoliers videraient avec leurs chapeaux.

Il y a environ dix ans que l'on trouva dans le lit du ruisseau historique les débris d'une figurine que les antiquaires reconnurent sur-le-champ pour être de *cuivre latin*. Ils l'examinèrent avec soin et décidèrent, après de longs et savants débats, que c'était une *tête d'Hercule triomphant*. Le mémoire dans lequel cette découverte était constatée allait être publié, lorsque l'on retrouva, dans une des maisons que baigne la Chezine, les restes de la figurine précieuse : l'*Hercule triomphant* était une tête de chenet!

Vis-à-vis du lieu où la Chezine disparaît pour aller se perdre dans la Loire, on aperçoit les vastes édifices de l'entrepôt où Carrier emmagasina, en 93, la marchandise vivante sur laquelle le bourreau devait prélever son droit. Pendant plusieurs mois, mille victimes passèrent chaque jour de cette prison au fond de la Loire et dans la carrière de Gigant, où le comité révolutionnaire entretenait trois cents fossoyeurs! Mais Carrier avait beau tuer des deux mains, les cachots regorgeaient toujours, car la Vendée entière s'y précipitait comme une mer débordée. Lorsqu'en 94 on ouvrit l'entrepôt, on y trouva par centaines des malheureux étouffés ou morts de faim, des femmes qui avaient succombé dans les douleurs de l'enfantement, et que les rats avaient dévorées, des squelettes d'enfants encore cramponnés au sein de squelettes qui avaient été leurs mères! Au rapport des médecins, les malades qui sortirent de ce sépulcre *sentaient le cadavre!*... A l'hospice, un seul lit en recevait jusqu'à cinquante dans le même jour; ils ne faisaient qu'y passer et y mourir.

Maintenant, les bâtiments de l'entrepôt ont été blanchis à neuf, et rien n'y rappelle plus le charnier de 93. Les bourgeois de Nantes ont construit alentour un quartier composé d'élégants hôtels qu'ombragent des acacias et que tapissent des clématites!... — Espèce d'à-propos symbolique qui semble rappeler que tout le sang versé par nos pères a servi à engraisser le sol où moissonne maintenant la bourgeoisie.

En remontant le cours de la Loire, vous rencontrerez le Bouffai, vieille forteresse transformée en palais de justice. Il ne reste de l'édifice primitif qu'une tour décharnée où l'on a eu l'idée bizarre de placer en plein vent la principale horloge de la ville, qui, de cette manière, fonctionne moins comme horloge que comme baromètre. Un peu plus haut se trouve l'ancien château devant lequel Henri IV s'arrêta en s'écriant : « *Ventre-saint-gris! les ducs de Bretagne n'étaient pas de petits compagnons!* »

Après la réunion à la France, le château de Nantes servit fréquemment de prison d'État. Un soir de l'année 1654, et pendant que les gardiens regardaient un moine jacobin se noyer dans la Loire, un petit prêtre myope et presque bossu se laissa glisser le long d'une corde, du haut de la tour la plus élevée, monta sur un cheval qui l'attendait à Richebourg, et s'enfuit à Rome à franc étrier. C'était le cardinal de Retz, ce Catilina à l'eau rose, qui dépensa tant d'esprit en bruyantes sottises, tant d'imagination en complots avortés ; sa captivité durait depuis cinq mois.

La cathédrale de Nantes, vaste quoique inachevée, est lourde, blafarde et sans caractère. Il faut cependant visiter le mausolée élevé à François II, duc de Bretagne, et à sa femme, Marguerite de Foix. Ce monument, envoyé à Nantes par leur fille Anne de Bretagne, alors reine de France, est un des plus riches, sinon des plus élégants, qu'ait produits la Renaissance. François II et Marguerite, revêtus du manteau ducal, sont couchés sur le tombeau : leurs têtes reposent sur des coussins que soutiennent des anges, leurs pieds sur un lévrier et sur un lion tenant les écussons de Bretagne et de Foix. Aux quatre coins du monument, des statues de grandeur naturelle représentent les quatre Vertus cardinales ; sous les traits de la *Justice*, il est facile de recon-

naître Anne de Bretagne elle-même. On aperçoit
tout autour du mausolée, dans des niches de marbre
rouge, les douze Apôtres, Charlemagne et saint
Louis, saint François et sainte Marguerite ; plus bas
se trouvent seize figurines reproduisant les différentes attitudes de la Méditation ou de la Douleur.
Ce mausolée, ouvrage d'un sculpteur breton, Michel
Columb, qui n'a point laissé d'autre œuvre connue,
produit un bel effet par son ensemble. Plusieurs
parties sont dépourvues de correction, le lion et les
anges manquent surtout de dessin ; mais les quatre
grandes statues, les douze Apôtres et les seize figurines accusent autant de puissance de conception
que de hardiesse pratique. Il y a dans le monument
entier une sorte d'opulence virile, et l'élégance
même des détails semble tenir plutôt à la force qu'à
la grâce.

Les cercueils de plomb contenant les restes de
François II et de Marguerite de Foix avaient été
déposés dans ce mausolée ; on les en arracha pendant la Terreur et on les fondit pour en faire des
balles ! Une boîte d'or, dans laquelle était renfermé

le cœur d'Anne de Bretagne, fut alors trouvée entre les deux bières. On y lisait ces vers à demi effacés :

> En ce petit vaisseau de fin or pur et munde,
> Repose un plus grand cueur que oncque dame eut au munde.
> Anne fut le nom d'elle, en France deux fois royne,
> Duchesse des Bretons, royale et souveraine.
> Ce cueur fut si très hault, que de la terre aux cieulx
> Sa vertu libérale accroissoit mieulx et mieulx ;
> Mais Dieux en a reprins sa portion meilleure,
> Et ceste part terrestre en grand deuil nous demeure.
>
> (IX⁰ janvier M. V⁰. XIII.)

Cette boîte précieuse, échappée par hasard au vandalisme de la Révolution, n'a été depuis l'objet d'aucun soin. En 1824, nous l'avons vue entre les mains du concierge de l'hôtel de ville, qui la conservait dans une vieille commode, avec les bijoux de chrysocale de sa femme.

On a détruit, en 1823, la chapelle de la Miséricorde, située dans la paroisse de Saint-Similien, et qui fut fondée au sixième siècle en mémoire de l'un de ces combats si fréquemment racontés par les légendaires. Dans une forêt qui couvrait le coteau où se trouve actuellement la place de Viarme, vivait un dragon, tenant du taureau et du serpent, qui dévorait alentour gentilshommes et manants, habitants et pèlerins. Trois seigneurs de Nantes se décidèrent à l'aller attaquer dans son repaire, après s'être munis de scapulaires et de bonnes cuirasses. Quand ils arrivèrent au bois, la bête, sortant de sa caverne aussi furieuse qu'une lionne qui défendrait son lionceau, s'élança vers eux en sifflant : ce qu'entendant, un des seigneurs sentit son cœur faillir et sa foi en la protection divine qui s'en allait. Il voulut donc tourner bride, mais trop tard. Le monstre était arrivé sur lui, et d'une morsure avait fait quatre morceaux de l'homme et du cheval. Cependant les deux autres seigneurs, sans pâlir devant un pareil spectacle, offrirent leur vie en holocauste au vrai Dieu et à leurs frères ; puis, tenant d'une main leur scapulaire, de l'autre leur épée, ils poussèrent au dragon, qui, sans faire aucune résistance, se jeta à leurs pieds et se laissa tranquillement tuer par eux. On transporta processionnellement à

Nantes, au grand ébahissement et à la grande terreur de tous, le squelette du monstre, dont la mâchoire inférieure fut détachée et déposée dans le trésor de la cathédrale. Elle s'y trouvait encore en 1773. La chapelle de la Miséricorde fut élevée en commémoration, au lieu même où la bête avait été égorgée. Lors de sa destruction, on voyait sur les vitraux des peintures relatives à la légende que nous venons de rapporter. D'un côté étaient le dragon mort, un homme déchiré et un évêque ; de l'autre, trois cavaliers armés, au-dessous desquels on lisait ces rimes :

> Un roi, dessus un blanc cheval,
> Tire l'arc pour faire mal;
> Un autre, sur un cheval roux,
> Tire l'épée tout en courroux;
> L'autre, sur un cheval noir,
> Vit la mort et l'inferna manoir.

II

Caractère nantais. — Traite des noirs. — Industrie. — Arts.

Je ne sais si la remarque en a déjà été faite, mais les villes économes sont précisément celles qui offrent au premier coup d'œil les apparences du luxe. C'est toujours là que l'on trouve de grands monuments, des places somptueuses, d'opulentes demeures ; la Hollande et la Suisse, si renommées pour leur parcimonie, ne le sont pas moins pour le confort des habitations, pour la multiplicité et le luxe soigné des édifices publics. Aussi, à part quelques exceptions dont l'histoire nous indique la cause, la richesse visible d'une cité est-elle une preuve d'ordre et d'économie chez ses habitants. Les villes à habitudes mobiles, aventureuses et dépensières, ont toujours quelque chose de l'air débraillé qui révèle le dissipateur.

Nantes est une démonstration frappante de cette vérité. Au dehors, comme nous l'avons déjà dit, ce n'est que péristyles et colonnades, mais au dedans règne une simplicité qui a rendu l'économie nantaise proverbiale. Du reste, ce goût pour l'épargne est peut-être le trait le plus saillant du caractère breton ; c'est une des expressions de la dure sobriété et de la prévoyance excessive de cette race plus ferme que hardie, plus apte aux joies intellectuelles qu'à celles des sens. Cette tendance à la thésaurisation dégénère même souvent, dans les affaires, en une avarice minutieuse qui n'est pas sans ridicule. Nous avons eu entre les mains un compte de liquidation de société montant à plusieurs centaines de mille francs, et sur lequel un des associés avait porté deux chandelles brûlées pendant une conférence avec son cointéressé !

On conçoit combien de telles habitudes doivent nuire à l'extension des affaires : aussi, on ne peut le nier, si, grâce à la circonspection des négociants nantais, leur place est une des plus sûres de l'Europe, il n'en est point, en revanche, où les opérations soient plus restreintes, les combinaisons nouvelles plus mal reçues. On a beaucoup ri de la confiance de ces capitalistes anglais qui achetèrent d'un Italien déguisé en cacique des mines d'or dans l'Amérique du Sud, et qui y envoyèrent, à grands frais, une expédition qui ne put jamais découvrir les mines achetées. Les négociants de Nantes tomberaient facilement dans l'excès contraire : offrez de leur vendre le Champ-de-Mars pour mille écus, et ils demanderont vingt-quatre heures pour y réfléchir !

C'est surtout cette couardise financière qui a déterminé la diminution progressive de leur commerce. A la ruine des colonies, la hardiesse et l'imagination leur ont manqué pour remplacer les relations qui s'anéantissaient par d'autres relations plus fructueuses. En comparant leur inactivité actuelle à l'habileté dont ils firent preuve au moyen âge, on aurait lieu de s'étonner, si l'on ne savait qu'alors ce fut à des étrangers, et principalement à des Génois, que l'on dut cette impulsion qui continua à se faire sentir jusqu'à la fin du dix-huitième siècle.

L'abolition de la traite des noirs a surtout nui à

l'importance commerciale de Nantes, qui s'était de bonne heure accoutumée à ce trafic, et qui y trouvait une source de richesses. On a tout dit sur cette question que les négrophiles ont réussi à rendre ridicule, ce qui semblait impossible ; mais bien que nous ne soyons nullement partisan des ventes *de bois d'ébène*, et que nous ayons frémi en visitant ces navires revenus de la traite et *sentant encore la chair fraîche*, en notre qualité de romancier, nous ne pouvons nous empêcher de regretter ces vieux commerçants négriers dont nous avons entendu raconter tant de curieuses choses.

Nous avons eu pourtant le bonheur d'en connaître deux qui vivent encore peut-être, et qui ont continué jusqu'au dernier instant un commerce auquel ils devaient leur fortune. Tous deux étaient des hommes pleins d'honneur, pères tendres, maris aimables, citoyens dévoués. Le plus vieux, catholique fervent, soutenait de bonne foi que la traite était une action méritoire devant Dieu, puisque par ce moyen les nègres étaient arrachés à l'idolâtrie. Ses noirs devenaient en effet chrétiens dès leur embarquement, et le capitaine avait ordre de leur conférer le baptême pendant que le contre-maître leur passait les menottes. Quant à l'autre, plus jeune et plus au courant des idées du jour, c'était au contraire un esprit fort, abonné au *Courrier français*, et votant aux élections avec l'extrême gauche : celui-là faisait la traite par philanthropie, et pour que les habitants de la côte de Coromandel pussent jouir des bienfaits de la civilisation. Je n'oublierai jamais la première et la seule visite que je lui fis. C'était le soir; je le trouvai, avec sa femme et ses enfants, dans un vieux salon décoré d'une douzaine de portraits au pastel qui représentaient tous les membres de la famille à l'âge de dix ans, et portant chacun à la main un nid, une poire ou une orange. Le brave homme avait sur ses genoux deux petites filles charmantes qui jouaient avec ses breloques; mais il paraissait soucieux. Au moment où j'entrai, il racontait à sa femme comment son dernier navire négrier, poursuivi par une corvette anglaise, avait été forcé de jeter sa cargaison par-dessus le bord pour ne pas être pris en contravention. On n'avait sauvé que deux petits noirs qui s'étaient cachés pendant qu'on noyait leurs mères. La jeune femme écoutait ces détails en faisant danser son dernier-né dans ses bras. Quand son mari eut fini :

— Je t'en prie, renonce à ce commerce, mon ami, lui dit-elle d'une voix suppliante et douce.

Je m'étais levé pour m'en aller; je m'arrêtai :

— A la bonne heure, m'écriai-je, vous êtes mère, vous, et vous avez compris!

— Sans doute, reprit-elle tranquillement; s'il continuait, nos enfants seraient ruinés!

Au reste, ces caractères ne se retrouvent plus dans la génération actuelle : le type du négrier, comme celui du vieux commerçant, a disparu avec la traite et le commerce. En effet, les navires qui couvraient autrefois l'embouchure de la Loire deviennent moins nombreux chaque jour; le Havre et Bordeaux s'agrandissent de plus en plus aux dépens de Nantes. Depuis quelques années pourtant, celle-ci semble vouloir sortir de sa torpeur. Déchue de son importance maritime, elle cherche à se constituer en ville industrielle : mais les résultats obtenus jusqu'à présent à cet égard ne peuvent être regardés tout au plus que comme des espérances, et l'établissement des zones de douanes retardera encore ses progrès en la mettant dans une classe exceptionnelle si défavorable pour le prix des houilles. Cependant, par sa position à l'extrémité du plus beau bassin et à l'embouchure du plus grand fleuve de la France, Nantes semble destinée à jouer tous les rôles qu'elle voudra tenter. De toutes nos grandes cités industrielles ou commerçantes, une seule, Lyon, pourrait l'emporter sur elle par le voisinage de Saint-Étienne. Mais que sont les meilleurs instruments de succès sans l'adresse qui sait les mettre en œuvre, sans l'audace inventive qui les perfectionne? Croirait-on, par exemple, que la fabrication du coton, aussi ancienne à Nantes qu'en Alsace et en Normandie, n'y a pris aucun développement, tandis qu'elle rapporte des millions à ces deux provinces ? [1]

---

[1]. L'esprit peu entreprenant des commerçants nantais est une des causes de la lenteur des progrès industriels, mais n'est point la seule. Il faut citer, parmi les plus puissantes, la difficulté de naviguer en Loire. Sous Louis XIV, les navires de trois cents tonneaux, qu'il faut maintenant décharger à Paimbœuf,

NANTES

Mais si l'industrie est encore peu cultivée à Nantes, en revanche les arts le sont prodigieusement. Une Société s'est même formée sous leur invocation, et l'on s'y occupe avec ardeur de musique et de peinture. On ne saurait trop encourager cette tendance, puisqu'elle est l'indication d'un progrès; mais elle est encore trop nouvelle pour n'avoir pas son côté plaisant. En attendant que cette mode d'art se soit transformée en un goût réel, ce qui arrivera sans doute, grâce à l'influence de quelques talents vrais et inspirateurs, les comptoirs se transforment en ateliers, et les arrière-boutiques en salles de concert. Il y a maintenant autant de pianos à Nantes qu'il

---

montaient jusqu'à Nantes. En outre, l'étiage du fleuve jusqu'à Orléans est si variable, que les relations sont continuellement retardées ou interrompues. Si les travaux nécessaires pour la navigation de la Loire étaient exécutés, les frais de port se trouveraient considérablement réduits à Nantes, et cette ville aurait pour les arrivages et les armements de grands avantages sur le Havre, où l'on ne parvient qu'en courant beaucoup de dangers. Les travaux indispensables à effectuer sur la Loire ne coûteraient que vingt millions.

Le commerce de Nantes n'est aujourd'hui que le vingt-huitième du commerce de toute la France. En 1790, le commerce extérieur de cette ville était de cinquante-huit mille tonneaux plus considérable que de nos jours.

peut y avoir de guitares à Madrid. On en entend de tous côtés, on en aperçoit partout. Le professeur de piano marche de pair avec le maître d'écriture et le catéchisme. Nous ne savons si cette mélomanie rendra la population musicienne; mais, à coup sûr, elle rendra longtemps la ville inhabitable pour les oreilles délicates.

III

Le Sanitat. — L'hospice de Saint-Jacques. — Les vieillards, les enfants et les aliénés.

Il y a quelques années qu'il existait à Nantes un bouge infect auquel, par antiphrase sans doute, on avait donné le nom de *Sanitat*. C'était une ancienne maladrerie construite au moyen âge pour parquer les pestiférés, et à laquelle le badigeon moderne n'avait rien ôté de sa physionomie primitive. Aussi, lorsqu'on approchait du vieil édifice, dont la masse sombre se trouvait perdue au milieu de venelles fétides, s'attendait-on, à chaque instant, à voir sortir du porche étroit et écrasé quelques malades portant, selon l'ordonnance de 1500, la souquenille de toile à croix jaune, la clochette de cuivre et la baguette blanche. Ce repaire immonde, qui tenait à la fois de la morgue et de la prison, était tout simplement l'hospice civil de Nantes! C'était l'asile ouvert par une ville de cent mille âmes aux trois plus touchantes misères de la terre : la vieillesse, l'enfance et la folie !

Il y a seulement quelques années que l'on s'aperçut de la nécessité de remplacer ce honteux hospice. Un homme habile, qui avait parcouru presque toute l'Europe pour en examiner tous les établissements publics, M. de Tollenare, communiqua ses notes à deux architectes, qui se mirent à l'œuvre, et le nouveau Sanitat sortit de terre. Mais quel fut l'étonnement de tous, quand, au lieu d'une de ces casernes de mendiants auxquelles nous sommes accoutumés, on vit s'élever un palais! Jusqu'alors, on n'avait compris un hospice que triste, pauvre, rapiécé, et

portant gravé sur sa façade comme un écusson de
gueuserie qui rappelait les haillons de ses hôtes.
Jugez quel spectacle inattendu, quand le nouvel
édifice se dressa sur la colline avec des parcs verts,
des galeries sonores, des péristyles aériens! Le riche
venait regarder avec stupeur et se sentait jaloux de
la demeure du mendiant. On se demandait à quoi
bon tant de dispendieux prodiges? Ce luxe ne formait-il pas un contre-sens avec la destination même
du bâtiment? Ne serait-ce point, quoi qu'on fît, un
asile ouvert aux maladies sociales les plus inguérissables et les plus cuisantes? Dès lors, à quoi bon tant
de colonnes et tant de portiques? N'était-ce pas bâtir
un palais à propos d'un égout?

Ainsi disait la foule; mais les architectes n'écoutaient pas, car ils avaient conscience de leur œuvre.
Ils avaient compris que dans cette existence d'hospice où l'instinct de la famille et du chez soi ne peut
trouver satisfaction, et où la vie est réduite à une
commensalité de régiment, il fallait suppléer par
quelque chose à l'effacement de l'individualité et de
l'esprit de possession. Si là le pauvre n'avait plus à

lui sa chambre étroite qu'il pût arranger à sa manière, son lit de paille où il lui fût permis de dormir selon sa fantaisie, sa table boiteuse sur laquelle il eût la liberté de manger à son heure, il fallait au moins le dédommager de ces pertes d'indépendance par le spectacle de sa nouvelle demeure, par l'espèce d'orgueil ingénu qu'il pouvait éprouver à l'habiter, par le bien-être mystérieux que jette en nous l'aspect de tout ce qui est noble, riche et grand ; il fallait qu'il s'astreignit à un ordre et à une propreté uniformes, par cela seul que ce qui l'entourait était trop beau pour se passer d'ordre et de propreté. Et qui ne sait l'action des objets qui frappent habituellement nos yeux sur notre vie intérieure? N'est-ce rien, croyez-vous, pour les joyeux et pauvres lazzaroni que de dormir sous des colonnades de marbre devant le golfe enchanté de Naples? Il y a dans la poésie des formes quelque chose qui caresse l'âme par l'intermédiaire du regard et lui inspire plus de sérénité. Le monde extérieur est une sorte de moule dont nos pensées prennent l'empreinte à force de s'y heurter.

Tout à cette pensée, les architectes continuaient le nouvel hospice d'après le plan qu'ils avaient conçu. Bientôt il apparut dans son entier, tout brodé de frontons, tout dentelé de galeries, et dominant la rive ombreuse de Saint-Sébastien. Le colosse était debout, mais ce n'était point assez : il restait à lui donner la vie. Tous les arrangements intérieurs étaient à faire. Autant il avait fallu de spontanéité pour trouver l'ensemble, autant il était besoin maintenant de minutieuse prévoyance pour exécuter les détails. Il fallait devenir femme par l'attention et la finesse, afin de ne rien laisser échapper, en conservant toutefois la force virile de la conception première. En un mot, le plan de ce grand poëme de pierre achevé, il restait à l'écrire, et ce n'était pas chose facile, car il y avait là trois peuples distincts, trois natures opposées auxquelles on devait satisfaire : des vieillards, des enfants et des insensés !

Cette nouvelle difficulté n'effraya point les architectes : aux vieillards, ils donnèrent les salles chaudes et abritées, les cours sablées, les galeries dorées par le soleil de midi ; aux enfants, les chambres aérées, le préau libre et les petits jardins garnis de buis; aux aliénés, les dortoirs joyeux, la verdure, les fleurs et la Loire à l'horizon. Puis, comme toutes ces natures étaient délicates, impressionnables, faciles à la tristesse ou au dégoût, ils éloignèrent du regard ce qui pouvait réveiller une sensation pénible ou exciter une répugnance; ils reléguèrent dans la partie souterraine tout ce qui rappelait l'hospice, et cette fabrication alimentaire des vastes établissements qui, faite sur une trop grande échelle, prend toujours un aspect repoussant. Ainsi rien ne fut présenté aux hôtes du nouveau *Sanitat* que sous la forme la plus attrayante, et le matériel grossier de la vie resta voilé pour eux.

Enfin le jour d'ouvrir aux pauvres leur nouvel demeure arriva. On y transporta d'abord les enfants, orphelins tachés du péché originel de la misère ou de la bâtardise; puis les malheureux qui, après avoir usé leur corps à la peine pendant quarante ans, viennent humblement demander à la société quelques années de vie en aumône. Au premier moment, ce fut pour tous une surprise muette; bientôt à la surprise succéda la curosité, à la curiosité la joie. Ils parcouraient les cours et les portiques, admirant tout, touchant à tout, riants et enivrés comme des gens qui ont fait une fortune inattendue. Puis, après le premier éblouissement, ce fut à qui prendrait le plus vite possession de sa nouvelle demeure. Chacun cherchait sa place; les vieillards prenaient leurs habitudes, marquaient leurs bancs de repos, choisissaient leur rayon de soleil; les enfants, émerveillés de voir des oiseaux passer sur leurs têtes, chantaient en se roulant sur l'herbe ou poursuivaient quelques papillons égarés au milieu des blanches colonnades.

Mais il restait à voir la scène la plus étrange : les aliénés n'étaient point encore arrivés.

Le nouveau médecin, M. Bouchet, alla les chercher en *omnibus* à l'ancien hospice. On les retira des loges, où la plupart étaient murés à demeure et exposés à toutes les intempéries des saisons. On vit alors sortir, de ces cages de pierre, des espèces de fantômes hâves, fétides, dont les yeux clignotants ne pouvaient soutenir l'éclat de la lumière, et dont les membres nus étaient hideux à voir. On eut d'abord quelque peine à les faire quitter leurs tanières. Habitués depuis vingt ans à ne voir les hommes que pour en souffrir, la plupart entrèrent en fureur à l'approche du médecin et résistèrent. Mais à peine l'air et le jour les eurent-ils frappés, qu'ils semblèrent s'affaisser sous une sensation inattendue, et une molle torpeur s'empara de tout leur être. Ils arrivèrent ainsi à l'hospice Saint-Jacques. Là, par un instinct d'habitude, ils cherchèrent des yeux les loges qui leur étaient destinées; mais les portes s'ouvrirent, et ils virent s'étendre devant eux de longues salles dans lesquelles jouait le soleil. Des deux côtés étaient rangés, dans un ordre qui flattait le regard, d'élégants lits de fer gracieusement enveloppés de leurs garnitures blanches; le parquet ciré brillait comme un miroir, et devant les lits s'étendaient des tapis moelleux. Par un mouvement spontané, tous s'arrêtèrent sur le seuil... ce ne pouvait être là leur demeure: il n'y avait ni barreaux, ni litière, ni anneaux scellés dans la pierre. Il fallut que le médecin lui-même vînt leur attester que ces salles leur étaient réellement destinées. Alors ce fut un spectacle inouï. Ces hommes, qui depuis si longtemps avaient cessé de vivre comme les autres hommes, se trouvèrent mal à l'aise dans leur aisance subite. Ils avaient oublié l'usage de la plupart des objets : ils les regardaient avec une curiosité hébétée, cherchant à se rappeler des souvenirs confus, des habitudes perdues. Quelques-uns se couchaient sous les lits, trouvant à cet étroit espace une sorte de ressemblance avec les loges; d'autres, déjà gagnés par l'instinct d'imitation, regardaient leur saleté avec honte et cherchaient les moyens de se mettre plus en harmonie avec ce qui les entourait.

Ce sentiment, dont M. Bouchet favorisa le développement, devint bientôt assez puissant pour faire reprendre à la plupart les allures extérieures de gens sensés. Nous pûmes en acquérir la certitude lorsque au mois de janvier 1836, nous visitâmes l'établissement de Saint-Jacques. Quoique les fous n'y fussent établis que depuis six mois, les résultats obtenus par le nouveau genre de vie auquel on les avait soumis étaient déjà extraordinaires. Ce fut pour nous un singulier tableau que ces trois cents aliénés jouissant d'une pleine liberté et paisiblement occupés à différents travaux, sans autres surveillants que quelques infirmiers. Nous parcourûmes, avec le médecin, un jardin anglais qu'ils avaient tracé sous la direction d'un ancien élève de l'École polytechnique, atteint lui-même d'aliénation. Au moment de notre visite, ce jardin s'achevait. M. Bouchet nous fit remarquer combien le sentiment de propriété était vif chez ces hommes. Chacun d'eux avait sa brouette dont il ne se séparait jamais, et qu'il refusait d'échanger contre une autre, comme il est d'usage dans les travaux de terrassement. Nous passâmes ensuite dans l'atelier fermé où les infirmes travaillent à l'abri. J'avoue qu'au moment où la porte se referma derrière nous, et où je me trouvai au milieu de ces cinquante vieillards aux mouvements fiévreux, aux lèvres murmurantes et aux yeux égarés, j'éprouvai une sorte de malaise. Nous étions seuls, et tous ces hommes étaient armés d'instruments qui, dans leurs mains, pouvaient devenir des armes terribles. Involontairement, mes yeux se retournèrent vers le seuil et vers le portier, qui tenait encore ses clefs à la main. Le médecin suivit mon regard.

— Ce portier lui-même est fou, me dit-il en souriant.

Je tressaillis.

— Et vous vous confiez à lui!

— Entièrement. Ma confiance même est ma garantie. Depuis qu'il a les clefs en son pouvoir, leur garde est devenue pour lui comme une folie nouvelle; il ne s'occupe plus d'autre chose; ces fonctions lui ont donné de l'importance à ses propres yeux : il s'estime et se considère.

— Et les autres ?

— Par la même raison, les autres le respectent. Depuis qu'il est portier, c'est pour eux un supérieur; ils le saluent et ne le tutoient plus, tant l'idée a encore de pouvoir sur ces têtes désorganisées.

Nous nous rendîmes de l'atelier dans la salle des femmes; nous les trouvâmes occupées à coudre et à broder. Toutes se levèrent à notre entrée et nous rendirent notre salut avec une politesse élégante et timide. J'avais peine à me persuader que je fusse au milieu d'insensées, et j'éprouvais l'embarras d'un étranger indirectement présenté dans un salon où il ne connaît personne. Quand nous sortîmes :

— Et ce sont là tous vos fous? demandai-je.

— Tous.

— Vous n'en renfermez aucun?

— Nous n'avons même pas de loges.

— Et comment êtes-vous parvenu à leur inspirer cette tranquillité, ce sentiment d'ordre et de propreté que nous avons admiré partout?

— Par l'imitation, l'amour-propre et le bien-être. A part quelques crises que l'on peut le plus souvent prévenir, mes fous sont tranquilles. A la vérité, je ne néglige rien pour les arracher à leur préoccupation habituelle. Je ne les laisse point vivre de leur existence propre, je les force à une existence factice qui leur vient de moi ; je suis leur centre, leur cerveau. Ces hommes sont mes fibres, il n'y a ici que moi qui pense, qui vive. Je ne leur permets pas de s'arrêter à une idée qui pourrait flatter leur manie; il faut qu'ils dorment ou qu'ils travaillent. Je les prends au lit dès que le premier rayon de soleil leur ouvre les yeux, et je ne les rends au dortoir que les yeux déjà clos par la fatigue. Pendant quelque temps, le dimanche m'a gêné : je ne savais que faire de leur esprit ce jour-là. J'ai voulu les forcer à continuer leurs travaux, mais ils ont résisté : l'habitude du repos était un pli d'enfance ; il eût fallu faire violence, sinon à des croyances, du moins à des coutumes ; c'eût été les irriter par la contradiction, et par conséquent manquer mon but : j'ai cédé. Seulement je tâche d'employer ce jour à des amusements qui les occupent autant que le travail même. C'est le dimanche qu'on leur paye, en fruits ou en tabac, l'ouvrage exécuté pendant la semaine. Chacun est rétribué selon ses œuvres, et je maintiens ainsi l'ardeur du travail par des primes d'encouragement accordées à la gourmandise. Quant aux fous accoutumés à une vie élégante, et que je ne pourrais soumettre à des travaux manuels sans transformer à leurs yeux l'hospice en un bagne, ils ont la musique, la lecture, la gymnastique et la promenade. J'écarte tout ce qui pourrait rappeler la captivité à ces imaginations délicates et faciles à effaroucher.

Leurs portes ferment solidement, mais sans en avoir l'air, et j'ai évité jusqu'à l'apparence de la serrure. Les grilles placées devant leur foyer pour leur interdire le contact du feu semblent être là comme ornements. Toutes ces terres que vous voyez encore arides seront couvertes de fleurs, d'arbustes. On a remarqué que les fous les plus furieux, qui démolissent les murs et tordent les barreaux de fer, respectaient la plus fragile fleur. Dans la folie, on est toujours homme; on ne hait que ce qui est fort, on ne brise que ce qui résiste.

En quittant Saint-Jacques, je jetai un dernier coup d'œil sur l'immense hospice; mais ses façades somptueuses ne me frappèrent plus : quelque beau que fût le corps, maintenant je connaissais l'âme, et l'âme était belle. Il me sembla que je venais de voir l'ébauche d'une de ces grandes retraites que les sociétés sauront fonder un jour, prytanées ou phalanstères érigés sous l'inspiration d'une civilisation plus morale et d'une association plus intime.

IV

Essais philanthropiques à Nantes. — Société maternelle. — Salles d'asile. — Société industrielle. — Abandon des idées politiques.

Nantes est peut-être, depuis 1830, la ville de France où le système municipal a le mieux réussi; on peut, à cet égard, la citer comme une ville modèle. L'autorité nouvelle, qui avait trouvé la commune obérée par les infructueuses prodigalités de la Restauration, a su non-seulement faire face à ces embarras, mais elle a réalisé d'immenses améliorations. Tout cela s'est accompli sans proclamations, sans faste, avec cette modestie silencieuse des hommes qui font le bien pour le bien, non pour le bruit.

En prenant possession du pouvoir, les nouveaux administrateurs s'étaient seulement annoncés comme des hommes pratiques, et l'on avait craint d'abord qu'ils ne montrassent une tendance purement utilitaire ; les faits ont prouvé bientôt que l'on s'était trompé et que la commune, après avoir été une espèce de surintendance de l'ancien régime, ne serait point transformée en comptoir de marchands. Ainsi, en même temps qu'ils fondaient l'hospice de Saint-Jacques, les salles d'asile, un collége industriel et un musée commercial, ils augmentaient les collections de tableaux, favorisaient des expositions locales, établissaient un nouveau théâtre, et accueillaient la proposition qui leur était faite de créer un musée breton, consacré aux objets d'art et aux antiquités de la province.

Hâtons-nous d'ajouter, pour être vrai, que les efforts de l'administration ont été puissamment secondés par quelques hommes d'intelligence et d'action, qui, depuis six ans, ont fait de la cause du progrès leur propre cause, et que l'on est sûr de trouver partout où il y a quelque chose d'utile et de généreux à accomplir. C'est surtout à ces vaillants pionniers de l'avenir, qui, la plupart, ont traversé le saint-simonisme à marche forcée et sans s'y arrêter, que Nantes doit les essais philanthropiques tentés depuis quelque temps. Grâce à eux, de nouvelles institutions ont pris racine à côté des anciennes, qu'ils ont ravivées, et une sorte de lien s'est formé entre les établissements nés de la charité chrétienne et ceux fondés sous l'inspiration sociale. On doit donc à leurs efforts cette espèce d'organisation, encore confuse et composée d'éléments divers aujourd'hui, qui se dessine à Nantes. A travers le constitutionalisme égoïste de la grande ville, on y entrevoit déjà je ne sais quelle association élémentaire, quelque chose d'analogue à l'antique *commune*, cette admirable union inventée par nos ancêtres, et que resserraient les deux liens les plus forts de la terre : la religion et la liberté.

En effet, les institutions de bienfaisance sont tellement combinées à Nantes, que l'une continue l'autre et la complète. Aussitôt qu'une femme du peuple se trouve enceinte, elle se présente à la *Société de la charité maternelle*, composée de dames riches et jeunes, pour la plupart. Celles-ci l'interrogent pour connaître ses besoins; le trousseau de l'enfant est préparé d'avance, le médecin averti. Dès que le nouveau-né a vu le jour, la *Société maternelle* envoie une de ses associées pour s'assurer que rien ne manque à la malade; la grande dame vient visiter la pauvre accouchée, et toutes deux s'entendent, car toutes deux sont femmes; toutes deux ont passé par les mêmes souffrances, et la communauté des infirmités amène bien vite l'égalité. Une fois la mère rétablie, afin que le besoin ne la force pas à négliger ses devoirs de nourrice, la *Société* lui paye le temps qu'elle consacre à son enfant. Celui-ci grandit ainsi, entouré de soins, jusqu'à ce qu'il ait atteint trois ans. Alors la mère le conduit aux salles d'asile, où il trouve à la fois du bien-être, d'utiles exemples et une première instruction.

Nous connaissions déjà les salles d'asile de plusieurs villes, lorsque nous visitâmes celles de Nantes en 1836; mais ce que nous avions vu jusqu'alors ne nous avait donné aucune idée de ce que nous allions voir. Dès l'entrée, nous fûmes frappé par l'air de calme affectueux qui régnait partout; on eût dit l'intérieur d'une famille heureuse. On devinait facilement qu'une tendre et spirituelle prévoyance avait présidé à cet ordre, et qu'il y avait là des yeux et des cœurs de mères qui veillaient. Nous suivîmes les exercices entremêlés d'histoires morales et de conversations instructives ; nous examinâmes les différents travaux des enfants, qui tous étaient occupés selon leur âge : les plus petits parfilaient. L'heure de la récréation arriva bientôt (car les leçons sont répétées, mais courtes chaque fois), et tous s'élancèrent dans le préau. Des jouets, appartenant à la salle d'asile, furent distribués aux enfants dont les familles étaient trop pauvres pour en acheter. Nous vîmes alors combien l'heureuse influence d'une éducation plus intelligente se faisait déjà sentir. Ces enfants, la plupart couverts de haillons, étaient bienveillants et polis l'un pour l'autre. Presque tous avaient déjà dépouillé cette brutalité hargneuse que donnent les grossiers amusements de carrefour. Ils n'avaient plus rien du caractère taquin et malfaisant qui constitue le gamin ; chez eux, les instincts vagabonds de la rue avaient fait place aux habitudes d'ordre et d'association. Nous pûmes juger, avant de nous retirer, combien ce progrès moral était déjà avancé. Une dame attachée au bureau de bienfaisance, et bien connue de tous les enfants par ses libéralités, arriva au moment du goûter. Après avoir causé avec plusieurs de ses petits protégés, elle les réunit tous en cercle, et faisant approcher une femme qui portait un grand panier de fruits :

— Mes enfants, dit-elle, je veux vous faire un présent; choisissez, de ces fruits à partager entre vous, ou de deux habillements neufs pour les plus pauvres de vos camarades.

Tous les enfants élevèrent à la fois leurs petites mains et leur pain sec :

— Deux habillements neufs, madame ! deux habillements neufs !... crièrent-ils.

— C'est bien, mes enfants.

Et la dame fit emporter les fruits. Pas un regard ne se détourna pour les voir s'en aller. J'aurais volontiers embrassé ces petits Brutus chrétiens, qui venaient d'offrir leur gourmandise en holocauste à leur charité.

Comme nous l'avons dit, les écoles primaires reçoivent le fils de l'ouvrier au sortir des salles d'asile, et complètent son instruction. Mais beaucoup de parents, trop pauvres pour se passer du travail de leurs enfants, ne peuvent profiter de ces écoles. Pour ceux-là, la *Société industrielle* a établi des cours dans lesquels les écoliers reçoivent une rétribution, et trouvent ainsi à l'étude le même avantage immédiat et matériel qu'ils trouveraient à une occupation manuelle. Les élèves de la *Société industrielle* sont, en outre, placés en apprentissage, et une partie de la rétribution qui leur est accordée est déposée à la caisse d'épargne, de sorte que, vers dix-huit ans, ils se trouvent avoir une instruction suffisante, un état et un capital qui leur permet de s'établir. Ceux qui font preuve d'une aptitude spéciale et d'un goût prononcé pour l'étude passent des écoles primaires à *Collége industriel*, où l'enseignement des connaissances pratiques est poussé fort loin; et de là, s'il est nécessaire, au

Collége royal, qui embrasse tous les cours de lettres et de sciences.

Ainsi, depuis sa naissance jusqu'à sa virilité, une main secourable soutient l'enfant du peuple et le dirige. Surveillé dans son berceau par la *Société maternelle*, celle-ci le livre ensuite aux conductrices des salles d'asile, qui le préparent aux écoles élémentaires; d'où il passe soit aux ateliers d'apprentissage, soit au *Collége industriel*. Et toute cette route, il la fait gratuitement et sous la protection de la *commune*. Il arrive à l'âge d'homme avec une main et une intelligence exercées, propre au travail, s'il l'aime; capable d'être heureux, s'il le mérite. Alors la vie est devant lui comme devant tous; la société lui a donné ce qu'il avait droit d'en réclamer : un instrument pour vivre. Il n'a plus qu'à demander à Dieu la santé, seule dot du travailleur. Encore a-t-il le moyen d'échapper à la misère qui suit les maladies de l'ouvrier. Une faible somme versée par lui chaque semaine le fait membre d'une association qui s'engage à soigner celui qui souffre, et à faire vivre sa famille tant que'dure son mal ou sa convalescence.

Certes, il y aurait peu de chose à dire contre une pareille organisation, si elle était complète; mais malheureusement il n'en est point ainsi. Beaucoup de quartiers manquent de salles d'asile, les écoles sont insuffisantes, et la *Société industrielle* ne peut entretenir que peu d'élèves. Tout est encore à l'état d'essai, et il y a plus de tendance au bien que de bien accompli. Cependant, cette tendance déjà est un fait grave. La *commune* associée n'est point constituée, mais son germe existe et grandira, s'il plaît à Dieu et aux ministères [1].

Après avoir fait une large part à l'éloge, il faut faire la part de la critique. Ces efforts pour les améliorations positives, continués depuis cinq années,

1. La *Société industrielle* de Nantes, fondée, à l'imitation de celle de Mulhouse, dans un but de perfectionnement, n'a jamais pu prendre le caractère scientifique et utilitaire de celle-ci. En l'établissant, M. Camille Mellinet lui a imprimé ses tendances, et l'a marquée, comme à son insu, au sceau de son cœur généreux. Cette admirable création a déjà produit beaucoup de bien, et en produira davantage, lorsque le pouvoir, en l'autorisant, lui aura conféré le privilége d'acquérir, de recevoir et de posséder. Mais, le croira-t-on? malgré des sollicitations réitérées, on n'a pu obtenir, jusqu'à présent, du gouvernement, la reconnaissance de cette institution...

n'ont pas été sans inconvénients. Uniquement préoccupées de ces changements matériels, beaucoup d'imaginations actives ont mis en oubli tout le reste. On a pris en dédain la *politique*, c'est-à-dire les idées générales, comme si ce n'était pas, après tout, dans les idées générales que se trouvent nos étoiles polaires et les points de rappel pour l'avenir. Du mépris pour les intrigues de certains hommes, on est passé au mépris des partis, ou, en d'autres termes, des opinions (car un parti n'est-il pas une opinion représentée), et, une fois arrivé là, on a fait nécessairement bon marché de ses anciennes convictions. Il faut donc l'avouer, beaucoup des hommes dévoués auxquels Nantes doit les progrès que nous avons signalés n'ont plus de sympathies ni de répugnances politiques ; ils se rallient au pouvoir, par cela seul qu'il est le pouvoir, et qu'avec son appui ils accompliront plus facilement leurs généreux projets. Cette erreur, qui est évidemment née du saint-simonisme et que nous avons vu soutenir dernièrement par des gens habiles, qui, pour être chefs quelque part, voulurent proclamer un parti sans cocarde, appelé *parti social;* cette erreur, à l'égard de laquelle nous pouvons être sévère parce que nous l'avons partagée, est non-seulement fâcheuse pour le présent, mais menaçante pour l'avenir. Abandonner ainsi les opinions au profit de la pratique, n'est-ce point, en définitive, vendre le principe pour le fait, et proclamer la supériorité de la matière sur l'idée? Peu importent au peuple, dites-vous, les discussions sur les droits et les devoirs; ce qu'il lui faut, c'est du bien-être... Autant vaudrait dire : Peu importe au jardinier le mode de culture de l'arbre; ce qu'il lui faut, ce sont les fruits. Parce que la métaphysique sociale a été transformée par quelques avocats en un mysticisme argutieux, vous ne voulez plus reconnaître de valeur aux généralités! Pensez-vous donc que les questions de peuple se résolvent seulement par les détails, et que leur bonheur dépende, comme celui des ménages, d'une marmite à vapeur ou d'une cheminée économique? Est-ce en sacrifiant les principes aux perfectionnements partiels que nos pères nous ont acquis l'héritage dont nous jouissons aujourd'hui? Et à votre avis, l'Assemblée constituante eût-elle été plus grande, plus utile, si elle eût demandé des améliorations matérielles, qu'elle ne l'a été par sa *Déclaration des droits de l'homme ?*

Prenez garde, ô vous qui n'êtes que dévouement et pureté, prenez garde de faire plus de mal que vous ne pourrez jamais accomplir de bien ! A votre insu, l'influence que vous exercez est corruptrice; vos actes, vos paroles, vos journaux entretiennent et accroissent sans cesse autour de vous l'atonie de la foule. Vous avez saigné l'opinion publique aux quatre membres, parce que vous avez craint de la voir enragée, et maintenant voilà que vous l'avez hébétée ! Plus d'élans, plus de saintes indignations contre les apostasies, plus de chaudes passions pour les vertus solides; partout le doute qui ricane et hausse les épaules ! L'esprit public, ce puissant lien, sans lequel il n'y a pas de nation, s'anéantit de plus en plus, et l'indifférence politique, qui, chez vous, est rachetée par le dévouement pratique, a tourné chez le plus grand nombre au profit de l'égoïsme. Ah! il est temps de sortir de cette impassibilité contre nature. Parce que vous avez détourné les yeux de l'arène, croyez-vous donc que l'on ne s'y batte plus? Venez applaudir à ceux qui vainquent ou à ceux qui tombent; choisissez un drapeau, et ne vous mettez pas à l'écart de la bataille. C'est quand les honnêtes gens dégoûtés se retirent chez eux et ferment leurs portes, que les fous, aidés des fripons, campent dans les rues et s'emparent de la cité. Toutes les tyrannies, celle des rois comme celle de la canaille, ont eu pour premières complices l'indifférence ou la résignation des hommes de cœur.

INSTITUTIONS POPULAIRES

Les inclinations démocratiques de notre époque ne se révèlent point seulement par les opinions : on en trouve la trace dans tout ce qui se fait de dévoué et de bon. Ceux-là même que les déceptions ont amenés au doute, et qui proclament, le plus haut, leur indifférence politique, pour peu qu'ils aient de nobles instincts, ne peuvent rien faire qui ne soit pour la cause du peuple : c'est que tout élan généreux nous conduit de ce côté, même à notre insu. — Sublime fatalité que celle qui fait ainsi forcément de toute grande inspiration un instrument de progrès, et qui pousse, malgré tout, l'humanité dans sa voie.

Il y aurait un grand intérêt à recueillir les preuves de ce mouvement général, et à montrer comment le triomphe populaire se prépare, quoi qu'on fasse. Une telle étude pourrait même être instructive pour les gouvernants, car elle leur prouverait l'inutilité de leurs efforts rétrogrades; mais les gouvernants ne veulent ni voir ni comprendre : ce sont des enfants qui se couvrent les yeux des deux mains et s'imaginent alors avoir supprimé le soleil. Aussi n'est-ce point pour eux qu'il faut constater les éléments d'émancipation qui surgissent de toutes parts, mais pour ceux qui, frappés des lâchetés du présent, pourraient désespérer de l'avenir.

Parmi les villes qui, dans ces derniers temps, ont formé des institutions favorables à l'éducation du peuple et à son bien-être, Nantes doit, sans contredit, occuper le premier rang. Là, une organisation complète a été essayée, et l'exécution en est poursuivie depuis plusieurs années avec une persévérance qu'on ne saurait trop louer. Il a suffi pour cela d'une douzaine d'hommes qui voulaient avec le cœur : car on ne sait point assez ce que peut l'action de quelques-uns sur la foule. C'est grâce aux efforts de ce petit nombre que Nantes possède aujourd'hui une sorte de *commune* dans laquelle les établissements utiles aux classes laborieuses sont coordonnés de manière à se prêter un mutuel secours.

Le premier de ces établissements est celui qui veille à ce que les femmes du peuple, sur le point de devenir mères, reçoivent tous les soins que réclame leur position. Une fois le besoin constaté, tout est fourni gratuitement par l'association : médecins, remèdes, layettes, aliments. La prévoyance va plus loin : la nécessité du travail imposée aux femmes d'ouvriers condamne souvent leurs nouveau-nés à un dangereux abandon. Pour éviter cette négligence forcée de leurs devoirs, la société paye aux plus pauvres de ces femmes le temps consacré à leurs propres nourrissons, et leur permet ainsi d'être mères impunément.

Dès que l'enfant a atteint sa troisième année, la Société maternelle le livre aux salles d'asile, où il reçoit les premiers éléments d'une instruction pratique.

Là le fils de l'ouvrier, enlevé aux jeux de la rue et au dangereux contact des vagabonds de carrefours, entend d'utiles leçons et de douces remontrances. Nous n'oublierons jamais le spectacle que nous présentèrent ces salles d'asile de Nantes, lorsque nous les visitâmes il y a quelques mois. Tous ces pauvres enfants semblaient heureux et intéressés; ils écoutaient avec une curiosité souriante les questions des jeunes femmes chargées de les surveiller, et leurs naïves réponses renfermaient souvent de touchantes révélations.

On interrogea devant nous plusieurs petites filles de trois ou quatre ans, sur différents objets de ménage dont on voulait leur apprendre l'emploi, et l'on arriva à leur demander à quoi servait une armoire. Celles dont le costume indiquait le plus d'aisance répondirent :

« A serrer de l'argent. »

D'autres, plus modestement vêtues :

« A ramasser les habits du dimanche. »

Enfin il y en eut une, déguenillée et chétive, qui répondit:

« A enfermer le pain qu'on a! »

La pauvre enfant n'avait jamais vu chez elle d'autre richesse!

Des salles d'asile, le fils de l'ouvrier passe aux écoles primaires, puis à l'école supérieure, puis enfin au collége, s'il annonce des dispositions peu ordinaires.

Outre les enseignements primaires gratuits ouverts par l'administration municipale, la Société industrielle a une école également gratuite qu'elle entretient à ses frais. Cette Société, la plus importante de toutes les institutions qui ont été créées à Nantes, mérite une attention particulière.

Elle fut fondée, il y a plusieurs années, par les soins de M. Mellinet, homme d'intelligence et de sacrifices, que l'on est sûr de trouver partout où il y a un projet utile à exécuter. Ce ne devait être d'abord, comme la Société de Mulhouse, qu'une sorte d'académie de l'industrie, où les fabricants seraient venus s'éclairer sur leurs intérêts, en les discutant; mais cette première destination fut bientôt changée, et aujourd'hui la Société industrielle de Nantes n'est autre chose qu'une association destinée à l'amélioration des classes les plus pauvres. Elle entretient, dans ce but, deux établissements d'une égale importance : l'*École des apprentis* et la *Caisse de prévoyance.*

L'École des apprentis est destinée à de jeunes garçons qui reçoivent, en même temps, l'éducation professionnelle chez des maîtres d'atelier et une instruction élémentaire dans des cours spéciaux ; mais, comme les familles du peuple ont généralement besoin des gains de leurs enfants pour vivre, et que ces cours prennent aux apprentis un temps qu'ils pourraient employer à un travail plus immédiatement fructueux, la Société paye à tous ses écoliers une indemnité pour les heures que ceux-ci consacrent à leurs études ; seulement, cette indemnité doit être partagée en deux lots : le premier est remis aux parents ; le second, déposé à la caisse d'épargne, au nom de l'apprenti, qui, arrivé à l'âge d'homme, se trouve maître d'un pécule suffisant pour acheter ce qui est nécessaire à l'exercice de sa profession.

On ne peut mettre en doute que cette École ne forme, à la longue, une population d'ouvriers policés, instruits et disposés à l'économie par les habitudes de leurs premières années. Déjà les chefs d'atelier sentent la différence des apprentis ordinaires avec ceux de la société industrielle, et commencent à rechercher ces derniers. C'est qu'en effet l'intelligence ne peut s'élever sans affermir le sentiment du devoir : l'émancipation du peuple n'assure pas seulement un règne de justice où tous seront appelés à régler les intérêts de tous, elle assure aussi l'ordre et la paix : car là où tout le monde comprend, chacun se range à sa place sans résistance et sans regret.

Quant à la *Caisse de prévoyance*, également établie par la Société industrielle, ce n'est autre chose qu'une assurance mutuelle contre la maladie. Tout travailleur qui dépose à cette Caisse un franc par mois a droit de se faire soigner gratuitement chez lui, et reçoit, de plus, pendant tout le temps de son repos forcé, une indemnité suffisante pour faire vivre sa famille. L'inconduite peut seule provoquer son expulsion, que prononce alors un conseil d'ouvriers, nommé par les membres de l'association.

Ainsi donc, à tout âge et en toutes circonstances, l'ouvrier trouve à Nantes aide et protection. Il y a encore sans doute beaucoup à faire, et l'administration de la Société maternelle pourrait être mieux entendue; les salles d'asiles sont en trop petit nombre et la Société industrielle dispose de ressources trop faibles pour étendre ses bienfaits sur un grand nombre d'apprentis; mais l'élan est donné, le bien existe en germe. Nous savons fort bien, en outre, que ces institutions ne répondraient pas à tous les besoins, alors même qu'elles se développeraient largement; ce ne sont que des pierres d'attente qui serviront à quelque construction plus vaste et plus solide; mais, pour être transitoires, elles n'en sont pas moins importantes; elles aident provisoirement à la diffusion des lumières, à la moralisation des masses, et préparent une organisation plus complète.

Il y a, d'ailleurs, dans de tels essais un grand enseignement pour les privilégiés. En effet, si ces derniers se montrent généralement hostiles aux classes travailleuses, il ne faut point seulement en accuser leur égoïsme, mais leur ignorance. Il en est du peuple comme des femmes, que l'on calomnie par tradition depuis trois mille ans, et auxquelles on reproche sans cesse les vices qu'on leur a donnés. Pour détruire de tels préjugés il faut, avant tout, la bonne foi et l'examen. On n'aime vraiment le peuple qu'en le pratiquant : il faut le voir dans sa forte misère, écouter sa rude causerie, toucher ses mains calleuses pour savoir tout ce qu'il y a de sincère loyauté dans ce bon géant. Les institutions formées à Nantes auront surtout cet heureux résultat.

La séance publique par laquelle la Société industrielle a clos l'année qui vient de finir en donne déjà la preuve. Après un discours dans lequel le président a raconté simplement le bien que cette Société avait accompli, M. Camille Mellinet, vice-président, a développé cette noble pensée : *Le peuple paye en belles actions ce qui lui est donné en bienfaits*, et a raconté à cette occasion tous les actes de courage, de patience, de dévouement, de générosité, accomplis à Nantes surtout par des ouvriers.

Il y avait certes une grande nouveauté dans cette longue énumération des vertus du pauvre faite pour le riche, et c'était quelque chose d'étrange à entendre au milieu des privilégiés de notre ordre social que cet hymne à la gloire du peuple. Une chose qu'il est impossible de ne pas remarquer, c'est que tous les faits révélés par M. Camille Mellinet portent le même caractère de spontanéité et de modestie. Tous ces gens sont sublimes sans le savoir, sans y penser. Tantôt, par exemple, c'est un concierge qui trouve dans la rue une vieille mendiante octogénaire, pense à sa mère en la voyant, l'amène chez lui et dit à sa femme : « Elle sera désormais de notre famille ; » une autre fois, c'est une jeune fille qui soutient avec son seul travail son père, sa mère, sa sœur infirme, les soigne le jour, brode la nuit, et continue ainsi pendant trente ans, toujours douce et joyeuse ! Ici, c'est un portefaix qui voit une chaise de poste sur le point de verser, appuie son épaule à la roue, manque de se faire écraser et laisse repartir la voiture sans que les voyageurs aient même soupçonné le service qu'il venait de leur rendre au risque de sa vie. Ailleurs, un ouvrier entend crier qu'un enfant se noie: il se jette dans la Loire, retire l'enfant et revient déjeuner sur une borne en se séchant au soleil.

Mais parmi tous les actes de dévouement cités par M. Mellinet, l'un des plus touchants est celui de Guillot, marinier à bord du bateau à vapeur le *Vulcain*, de Nantes, et déjà connu pour avoir sauvé plusieurs personnes qui allaient périr dans la Loire ou dans des incendies. Voici le récit de Guillot lui-même :

« Le bateau revenait à Nantes ; nous étions auprès d'Ingrande : il y avait, parmi les passagers de la seconde chambre, une dame avec ses cinq enfants et une bonne ; les enfants pleuraient, je ne sais pourquoi ; j'en tenais deux sur mes genoux pour les amuser, quand on s'arrêta pour l'escale. Je monte sur le pont ; un cordage jeté pour nous approcher du ponton s'embarrasse dans l'une des roues; le mécanicien tâche de le dégager, et je veux l'aider ; mais je sens tout à coup une forte secousse ; un jet de vapeur me brûle la jambe et le dos : la chaudière s'était entr'ouverte et la vapeur se précipitait en bouillonnant dans la chambre où se trouvait la famille que je venais de quitter.

» Je pensai de suite aux pauvres petits que je faisais rire un instant auparavant : je ne m'occupe plus de mes brûlures, et je cours vers l'escalier ; mais impossible d'avancer, la vapeur m'arrête malgré moi. C'était comme si j'avais voulu entrer dans un four que l'on chauffe !... J'essaye de descendre en croisant mes bras sur ma figure pour ne pas être étouffé... je ne puis pas !... Et cependant il y avait là-dessous la pauvre femme et ses cinq enfants !... Cette idée-là me tuait.

» Je me penche sur le pont pour tâcher d'arriver à eux : je vois alors la mère qui était tombée sans connaissance sur une des fenêtres. Je m'accroche par un pied à la rampe du navire ; je la saisis : elle était comme morte.

» Dans tous ces mouvements, je m'étais blessé à

la jambe; mais je ne sentais rien; je ne pensais qu'aux cinq enfants...

» Enfin, j'entre dans la chambre par la fenêtre... C'était épouvantable !... tout brûlait, et les cinq pauvres petits me tendaient les bras sans pouvoir parler... Ça me fit tant de mal, que je tournai la tête. J'aperçus alors la bonne : elle faisait pitié à regarder. Je voulus la sauver.

» — Non, non, s'écria la brave fille ; sauvez mes enfants ! sauvez mes enfants !...

» On eût dit qu'elle allait mourir, et cependant elle trouva assez de force pour passer deux petits aux bateliers. Mais c'était trop pour une femme : au second, elle tomba sans pouvoir se relever. Je la passai alors au marinier Coulon. Il restait encore trois enfants : j'en prends deux dans mes bras, et le mécanicien se charge du troisième.

» Nous arrivons à terre, et on me demande si je suis blessé : je réponds que non; mais le médecin me montre que j'étais tout couvert de sang, et me dit de me reposer. Je change seulement d'habits, parce que les miens tombaient en charbon ; je retourne travailler au bateau... et voilà tout ! »

Qui pourrait parcourir ce récit sans que son cœur se gonflât d'émotion ? et lequel est le plus sublime, de ce marinier blessé qui ne pense qu'*aux cinq enfants qu'il faisait rire un instant auparavant,* qui s'occupe de tout le monde, sauf de lui-même, et qui, brûlé, couvert de sang, change d'habits, revient au travail et dit : *Voilà tout;* ou de cette pauvre servante qui crie : *Sauvez mes enfants!* et ne veut mourir qu'après les avoir retirés du danger ; car, il faut qu'on le sache, cette généreuse fille est morte peu d'heures après, au milieu de tortures inouïes !

Ah ! pourquoi s'effrayer du présent quand on peut rencontrer encore de telles âmes ! Qu'importe la corruption de l'aristocratie nouvelle qui nous domine ; qu'importe que l'égoïsme et la vénalité siégent partout où il y a un lambeau de velours et un peu de frange dorée, si l'on retrouve le dévouement sous la veste usée du travailleur ? C'est de celui-ci que vient la vie, et c'est à lui qu'appartient l'avenir. Instruisez-le donc pour qu'il sache diriger ses bons instincts; soulagez les souffrances trop vives qui le dépravent ; mais entretenez-le surtout de ses belles actions, afin qu'il s'exalte dans le bien : ce sont ses titres de noblesse, à lui : respectez-les pour qu'il n'y déroge point.

Dans cette séance de Nantes, ce qui nous a frappé le plus, ce n'est ni l'attendrissement des femmes parées, ni les applaudissements des riches pendant que l'on vantait les humbles vertus des pauvres; mais nous avons pensé que, au bas de la salle, sur ces derniers bancs où se pressait le peuple, plus d'un cœur avait battu peut-être d'une généreuse émulation, plus d'une noble résolution avait été prise, et que plusieurs de ces rudes ouvriers, venus en curieux, étaient sortis plus pensifs et meilleurs!

DESTRUCTION

DES VIEUX MONUMENTS

Les époques ne se révèlent pas moins par les monuments que par les faits historiques. Ce sont des témoignages de gloire ou de malheur, des symboles de croyances perdues, et chaque débris qui frappe nos regards réveille en nous la mémoire de quelque principe que le temps a changé, chaque ruine est la tombe d'une idée sociale qui n'est plus. Aussi les vieux monuments forment-ils une véritable bibliothèque en plein air où il faut étudier le passé.

Mais tous les lieux n'ont pas également conservé ces vivants souvenirs. Quoique le temps imprime ses pas profondément sur le sol, la civilisation en recouvre bientôt l'empreinte, car l'humanité s'avance dans le monde comme une caravane dans le désert, et le vent du soir efface les traces des voyageurs du matin. Cependant il est encore certaines contrées où la marque de ces pas est demeurée profonde, où chaque siècle a laissé des traces éclatantes de son passage. Vastes cimetières historiques où l'on peut lire l'histoire ancienne sur des épitaphes et des ruines. La *Bretagne* est de ce nombre.

Jusqu'à présent, cette province avait été à peu près la seule de toute la France qui fût restée à l'abri du vandalisme mercantile de la Bande noire. Enveloppée dans son atmosphère de brumes et de croyances, la Bretagne était demeurée immobile et sans changements; vieille druidesse baptisée par saint Pol, elle avait conservé ses *dolmens* et ses *menhirs* près de ses mille chapelles à Marie. En vain le temps et les révolutions avaient passé rudement la main sur elle, fière pauvresse, elle avait gardé les haillons de son ancienne pourpre. Aujourd'hui même vous retrouvez encore partout les symboles gigantesques de sa première religion près du luxe guerrier ou religieux du moyen âge. Ses temples à *Teuz* abritent des croix élevées au Christ, ses aqueducs romains sont protégés par des Madones qui font des miracles; souvent dans l'espace que parcourrait la balle d'un mousquet, votre œil peut rencontrer les monuments des Celtes, des Romains, des Francs, du moyen âge et de la renaissance. A Trémazau, debout sur le Guiligni où vient se briser la mer, vous voyez à vos pieds le tombeau d'un chef gaulois; à droite, le château de Tanneguy du Châtel, dont la fondation remonte au vi° siècle; plus bas, une chapelle à demi croulée; et à gauche, un manoir féodal avec ses chaumières, son four et son colombier. Il n'est pas jusqu'à l'habitation de cette étrange contrée qui n'ait gardé son caractère et son costume antique.

La civilisation a eu beau traverser ses routes en tous sens, en l'appelant à elle, le dur Armoricain a passé son chemin, tenant à deux mains son large chapeau, et murmurant la phrase sacramentelle, règle unique de toutes ses actions : *A ped zo grêt gant va zad grêt mad! — Ce qu'ont fait les pères est bien fait!*

Pour nous, en laissant à nos philanthropes toute liberté d'effacer l'empreinte originale marquée au front de nos populations, nous leur demanderons au moins d'épargner les monuments qui couvrent notre contrée, ne fût-ce que comme pièces d'un musée historique. Nous sommes d'autant plus autorisé à faire cette demande, que depuis quelque temps les destructions de ces monuments se multiplient d'une manière affligeante, et que dans quelques années, si la fureur des démolitions continue, il ne restera dans notre pays aucune trace de ces admirables ruines qui sont à elles seules la représentation de toute une époque. La fureur de dévastation à cet égard est même si grande, que lorsque l'ignorance ou l'avarice particulière ne suffisent pas, l'administration publique vient à leur secours, et porte le marteau sur les constructions les plus merveilleuses laissées chez nous par le moyen âge. Encore une fois, nous n'afficherons pas ici un luxe de poétiques regrets qui pourrait sembler ridicule à nos hommes positifs; mais nous demanderons aux plus welches industriels du jour ce qu'ils penseraient du gouvernement de Rome, s'il s'avisait de faire démolir le Colisée pour bâtir des écuries au saint-père. Eh bien, au moment même où nous écrivons ces lignes, une des plus admirables ruines gothiques de France, le monastère de Saint-Mathieu, tombe en partie sous la pioche des ingénieurs de la marine, pour fournir les matériaux d'un phare qui s'élève sur cette pointe extrême du Finistère. C'est même le chœur qui a été attaqué. On a renversé l'autel, on a brisé la voûte en ogives qui s'élançait à plus de soixante pieds de hauteur, réunissant entre eux les innombrables pilastres du sanctuaire; on abattra la rosace qui éclairait cette partie de l'édifice, rosace dentelée, gracieuse, toute fourmillante de trèfles évidés, de pampres et de feuilles mariés; l'édifice, désormais sans clef de voûte, fléchira sous l'ouragan, et l'on ne trouvera plus bientôt qu'un amas informe de décombres là où le majestueux sanctuaire qu'avait consacré Tanneguy s'élevait depuis plus de treize cents ans. Devant cette mer immense et solitaire, le phare veillera seul, laid et difforme, comme un cyclope avec son œil brillant au front. Plus de ces murmures indicibles que la rafale vous apportait des profondeurs du cloître abandonné! Plus de ces fantastiques images qui se dessinaient de loin dans la brume, lorsque vous regagniez la terre sur une barque de pêcheur, et que le soleil couchant rayonnait en auréole autour des vieux saints de granit, debout près des ruines, comme des gardiens mystérieux et éternels! Deux ans plus tard, Gudin, qui, tout trempé de la vague marine, s'arrêta, avec un cri d'extase, devant ce sublime spectacle, n'aurait aperçu sur cette côte qu'une sorte de moulin à vent décoré du nom de phare, et un douanier gardant la mer!

Du reste, pour être juste, nous devons avouer que nous ignorons quelle économie a pu résulter pour le gouvernement de la démolition du monastère de Saint-Mathieu; nous devons croire que les pierres prises à la carrière seraient revenues à quelques centimes de plus par mètre cube, et cette raison a pu paraitre suffisante aux ingénieurs de la marine ; mais quand l'indifférence pour les monuments antiques qui poétisent nos campagnes est devenue aussi entière, nous ne nous expliquons point pourquoi on créa une place de conservateur des antiquités de France; pourquoi on est allé chercher, à grands frais, un obélisque de Luxor, qui ne se rattache ni à nos arts ni à nos souvenirs; il nous semble à nous que les nations ont aussi une certaine gloire de famille à conserver, une sorte de religion pour les ancêtres qu'il est raisonnable de respecter, et nous ne croyons pas plus convenable à elles de démolir un monument antique et célèbre, pour en avoir les pierres, qu'il ne le serait aux descendants d'une noble race de déchirer un portrait de famille pour en faire de la toile d'emballage.

Pour comble de malheur, les démolitions ne sont pas les seuls moyens de destruction employés contre nos monuments ; la foudre se charge de ce que les hommes épargnent, et nos deux mille clochers de granit, qui s'élancent si sveltes, si variés et si hardis vers le ciel, n'ont encore pu obtenir un paratonnerre pour les garantir de l'orage! Chaque année, la tempête en brise quelques-uns, sans que les communes, trop pauvres, puissent les réparer; et leurs aiguilles, tronquées et noircies, attestent de loin aux yeux des passants quel intérêt est porté aux arts chez le peuple le plus éclairé du monde. Le paysan breton, seul, en passant devant son église à demi ruinée, secoue sa longue chevelure, et murmure quelquefois tristement : *Doué ivé nequet évidonc!* — *Dieu aussi est contre nous!* Seul et naïf regret qui soit donné à des monuments qui semblent destinés à crouler, comme les chaudes croyances qui les avaient fait élever.

Quant aux chapelles, aux croix des carrefours, aux niches des Vierges et à toutes les autres constructions isolées, elles sont la proie des mendiants, des colporteurs et des maquignons qui traversent nos routes. Il est presque aussi rare de voir un homme civilisé passer devant ces monuments sacrés sans leur jeter une pierre, qu'un sauvage bas Breton sans leur tirer son chapeau. J'ai en ma possession deux têtes d'anges, de Kersanton, délicieusement sculptées, et que j'ai ramassées dans une douve, près d'un calvaire qui avait été mutilé ainsi. On pourrait dire, sans exagération, que, dans certains endroits, nos routes de traverse sont empierrées avec des saints.

Nous ne dirons rien de la curieuse chapelle des Carmes, démolie à Rennes pour percer une rue ; du Bouffay de Nantes, demeure des anciens ducs de Bretagne, et qui va tomber sous quelques mois ; de l'abbaye de Beaufort, où Lamennais vint s'asseoir un jour et rêver un nouveau *Port-Royal*, à l'abri duquel pourraient venir se reposer les âmes meurtries au contact du monde et les esprits pensifs qu'étourdit la grande voix des peuples ; mais je ne puis passer sous silence l'ignoble barbarie qui fait défigurer ceux de nos monuments que l'on ne détruit pas. La truelle et le racloir enlèvent chaque jour quelque chose aux ravissantes arabesques de nos porches gothiques, et le travail prestigieux des balustrades de nos chœurs a presque partout disparu sous la brosse du barbouilleur. Je n'oublierai jamais l'impression pénible qui me saisit lorsque, après un voyage de deux ans, je trouvai la belle cathédrale de Saint-Pol-de-Léon, que j'avais laissée toute sombre et toute mystérieuse avec ses ogives de Kersanton verdâtres qui lui donnaient l'air d'une construction en bronze, devenue subitement aussi blanche qu'une salle de guinguette sous le lait de chaux d'un badigeonneur; gaie, papillotante, toute coquette et inondée de lumière, les saints eux-mêmes avaient été passés à la couleur; cela avait l'air d'un temple bâti depuis trois jours, en l'honneur d'une religion de l'année dernière. La magnifique église du Folgoat a subi le même sort! La galerie qui entourait le toit a même été abattue. A Daoulas, le cloître lombard qui se trouvait derrière le monastère, construction tellement curieuse qu'il n'en existe peut-être pas quatre en France de la même époque ni du même style, est détruit pièce à pièce par les voisins et l'administration municipale; nous avons vu des fragments de colonnes employés à faire des bornes de chemin, et les frontons servant de margelles pour les puits et les abreuvoirs. L'abbaye de Landevennec, si fameuse en Bretagne par ses savants, et sa bibliothèque qui contenait plus de deux cents manuscrits sur les chroniques et la poésie bretonnes, précieuses archives qui furent vendues à la livre aux épiciers de notre première révolution ; l'abbaye de Landevennec vient de disparaître entièrement pour servir à la construction d'une halle. On avait déjà renversé en partie l'admirable ruine de Trémazau, pour bâtir la salle de spectacle de Brest. La tour carrée à plein cintre a seule échappé, mais sans doute pour peu de temps.

A quelque point de dégradation et d'oubli que soient tombés les arts en France, nous ne pouvons croire que l'on voie avec indifférence un vandalisme aussi effronté. Du fond de notre province, tout inconnu que nous sommes, nous avons élevé la voix sous l'impression d'une douleur profonde. A d'autres, maintenant, d'appuyer ce cri poussé de loin par un homme de la foule ; à ceux que la grande ville a faits grands de plaider cette belle cause des arts ; nous, témoin ignoré, nous n'avons pu que dénoncer le fait : que d'autres achèvent !

UN MYSTÈRE BRETON

Nous apprîmes, il y a déjà quelque temps, que M. Legonidec, auteur du Dictionnaire celtique, avait reçu mission de recueillir, dans nos départements bretons et au pays de Galles, les manuscrits en langue primitive qui pouvaient encore exister dans les deux pays. Également connu en Angleterre et en Bretagne, M. Legonidec était sûr de voir s'ouvrir devant lui toutes les bibliothèques

1. Buchez saintez Nonn, ou Vie de sainte Nonne et de son fils saint Devy (David), archevêque de Menevie en 519. — Mystère composé en langue bretonne, antérieurement au XIIe siècle, avec une introduction de l'abbé Sionnet et une traduction de M. Legonidec. — Merlin, éditeur.

et tous les chartriers publics ou privés; aussi espérions-nous beaucoup de cet examen, qui non-seulement pouvait jeter de grandes lumières sur la poésie du moyen-âge, mais encore résoudre plusieurs problèmes historiques; nous savions même que le savant philologue devait étendre ses recherches jusqu'aux archives de la Tour de Londres, et nous attendions chaque jour le résultat de ces curieuses perquisitions, lorsqu'on nous fit savoir que la mission de M. Legonidec n'avait plus lieu.

Or ce changement subit était dû tout simplement à l'arrivée de M. Pelet (de la Lozère) au pouvoir. M. Pelet (de la Lozère), à qui son nouveau titre avait sans doute conféré le don des langues, comme le Saint-Esprit aux apôtres, avait déclaré que la mission projetée était inutile. En conséquence, M. Legonidec reçut une lettre par laquelle le représentant officiel de l'instruction publique en France lui apprenait *qu'il n'existait en Bretagne, ni dans le pays de Galles, aucun manuscrit en langue primitive, et que le celtique n'était, du reste, qu'un patois moderne remontant tout au plus au* xvᵉ *siècle*. On comprend la stupéfaction de M. Legonidec, à qui l'on niait ainsi l'évidence ! Que faire ?... Représenter à M. Pelet (de la Lozère) qu'il parlait des choses sans les connaître, et le prier de lire César, Tacite, saint Remi, Sulpice-Sévère, qui constatent l'antiquité de la langue celtique aujourd'hui parlée en Galles et en Bretagne ? M. Pelet (de la Lozère) n'eût point sans doute répondu, et eût continué à lire seulement le *Moniteur*. Le moyen, en effet, qu'un ministre de l'instruction publique avoue son ignorance ! Ce sont de ces choses que l'on ne se dit qu'à soi-même, comme l'observe judicieusement Brid'Oison.

Force fut donc à M. Legonidec de renoncer à ses espérances ; or M. Legonidec (qui, par ses connaissances spéciales, était le seul homme en France capable de remplir la mission projetée) ayant depuis contracté d'autres engagements qui ne lui permettaient plus de quitter Paris, les recherches de manuscrits bretons et gallois sont devenues impossibles. L'outrecuidance de M. Pelet (de la Lozère) ne nous a donc pas déshérités provisoirement, mais pour toujours, des richesses littéraires et historiques que nous aurions pu acquérir.

S'il était permis de répondre sérieusement à cette opinion, que la langue bretonne ne date que du xv° siècle, on citerait les ballades des trouvères du xii° siècle, qu'ils déclarent eux-mêmes imitées du breton, les prophéties de Guinclan, mentionnées par Monfaucon, les *guerz* recueillis dans ces derniers temps en Bretagne et il y a environ un siècle dans le pays de Galles, enfin le mystère de sainte Nonne et de saint Devy, dont nous allons rendre compte.

Nous avons longuement analysé, dans les *Derniers Bretons*, les tragédies bretonnes des *Quatre Fils Aymon*, de *saint Guillaume*, de *Jacob*, de *sainte Triphine*, et nous en avons traduit plusieurs passages; mais, recueillis dans des manuscrits récents, ces drames, déjà fort altérés, n'apportaient avec eux aucune indication précise sur l'époque de leur composition; aussi n'avons-nous point voulu les faire remonter au delà de 1400, bien que nous

eussions pensé qu'ils pouvaient être plus anciens.
Aujourd'hui, les présomptions que nous n'osions
avouer sont presque devenues des certitudes.
Voici un *mystère* de la même famille que les tragédies citées plus haut, et qui a conservé les dates
de son origine. Le manuscrit de la *Vie de sainte
Nonne* appartient au commencement du XVe siècle,
comme en font foi l'écriture et plusieurs notes insérées à la marge; mais la preuve que le mystère lui-même est fort antérieur, et que ce manuscrit est seulement une copie, c'est que dans
plusieurs endroits on trouve à côté du texte, et
de la même écriture, plusieurs leçons différentes;
or, ces leçons, quelquefois bonnes, quelquefois
mauvaises, ne peuvent être évidemment que le
résultat d'une collation de copies qui ont eu besoin de plusieurs années pour se multiplier et
s'altérer. Il existe même quelques lacunes qui
n'ont pu être remplies, ce qui indique non-seulement que l'auteur primitif du mystère
n'existait plus, mais qu'il s'était écoulé assez
de temps depuis sa mort pour que l'on eût ou-

blié ou perdu certaines parties de son poëme.
On peut donc, sans crainte d'exagération, faire
remonter la composition de la *Vie de sainte Nonne*
au xi° ou du moins au xii° siècle.

Nous savons, du reste, que plusieurs tragédies bretonnes datent de cette époque. Il y a quelques années
qu'un employé de la Bibliothèque royale (nous
croyons que c'était M. Van Praët) parla à M. Legonidec d'un manuscrit que l'on avait pris longtemps
pour du vieux teuton, mais qui n'avait pu être déchiffré par aucun philologue allemand. M. Legonidec demanda à le voir et, après quelques instants
d'examen, reconnut que le livre indéchiffrable était
un recueil de mystères bretons, parmi lesquels il
remarqua la *Mort de la Vierge*, *sainte Barbe*, etc.
Ces pièces, composées vers le xii° siècle et écrites
en celtique pur, lui furent même d'un grand secours
pour l'achèvement de son Dictionnaire, auquel il
travaillait alors. Depuis, il en a été de ce curieux
manuscrit comme de beaucoup d'autres : il a disparu de la Bibliothèque royale, et M. Legonidec l'a
vainement demandé aux nouveaux conservateurs.

La *Vie de sainte Nonne*, que publie aujourd'hui l'abbé Sionnet, fut découverte il y a quelques années par l'abbé Marzin, qui accompagnait l'évêque du Finistère dans une de ses visites pastorales. Le manuscrit était déposé dans l'église d'un petit village voisin de Landerneau, appelé Dirinon. Il y avait autrefois et il y a encore, si nous ne nous trompons, dans cette paroisse, deux chapelles dédiées, l'une à saint Devi ou Divi, l'autre à sainte Nonne : d'où le village prit sans doute le nom de *Divinon*, puis, par corruption, de *Dirinon*. M. Marzin emporta le manuscrit, qui arriva plus tard aux mains de l'abbé Sionnet, homme versé dans les études philologiques, et qui, encouragé par M. Raynouard, se décida à le faire imprimer.

Cette publication, composée d'une préface écrite par l'éditeur, du texte original, et d'une traduction littérale par M. Legonidec, renferme, en outre, un fac-similé du manuscrit, qui est de format in-quarto, inférieur pour la conception et les développements aux tragédies de *Sainte Triphine* et de *Saint Guillaume*.

Le mystère de *Sainte Nonne* est, comme eux, écrit en vers rimés. « Ces vers, dit l'abbé Sionnet dans sa préface, qui sont de six, de huit et dix mesures, présentent, quant à la rime, un système assez remarquable. Dans une strophe de quatre vers, le premier rime avec le troisième, le second avec le dernier; dans celle de six, les deux premiers riment ensemble, le quatrième avec le cinquième, et le sixième avec le troisième; les six derniers vers d'une strophe plus longue riment comme s'ils étaient isolés. Il n'y a d'exception que dans les morceaux qui riment trois à trois, ou quatre à quatre. Ces règles sont observées si religieusement dans la majeure partie du poëme, que je n'hésite pas à regarder comme fautifs les endroits qui ne s'y accordent pas. »

Dans la première scène du *mystère*, Dieu le Père dit à un ange d'aller avertir saint Patrice qu'il ait à se rendre en Hybernie pour y prêcher la vraie foi, lui annonçant que, dans trente ans, saint Devy le remplacerait dans cette mission. Patrice montre d'abord quelque incertitude. « J'éprouve, dit-il, des sentiments d'amertume et de dégoût. M'envoyer à jeun au-devant de quelqu'un qui ne viendra pas avant trente ans! m'en aller sans repos d'ici pour habiter un autre pays et marcher la tête basse comme un aveugle! Ne pourrai-je pas m'en trouver mal? » Mais la confiance lui revient bientôt; il part, ressuscite en chemin le vieux Ruitner, qui le suit comme un disciple, et arrive en Hybernie, où il commence sa mission.

Nonita (ou Nonne) paraît alors; elle se présente au couvent pour se faire religieuse, et promet obéissance entre les mains de l'abbesse, selon la discipline de l'époque, sans l'intervention d'aucun prêtre et sans s'obliger à la vie claustrale.

« Je vais vous revêtir avec joie de notre habit, lui dit l'abbesse; observez la loi fidèlement, apprenez le psautier et allez à la messe, voilà ce que je vous recommande expressément. »

Nous la voyons en effet plus tard traversant une forêt pour se rendre à l'office, et y faisant la rencontre du roi Kereticus, qui la prie d'amour, et qui, ne pouvant rien obtenir, la viole sur le théâtre.

Aussitôt deux pierres s'élèvent miraculeusement pour servir d'abri à Nonita.

Merlin paraît ensuite, et annonce qu'il naîtra de la religieuse outragée un fils qui sera très-saint dans le pays des Bretons. En effet, quand Nonita revient, elle est enceinte. Elle se présente à la porte d'une église du prêche Saint-Gildas.

« Vrais chrétiens qui êtes ici réunis, dit le prélat, supplions Dieu, qui est le vrai roi des villages, qu'il nous donne ses grâces dans cette vallée, à moi pour prêcher selon mon désir et ma volonté, et à vous pour écouter avec attention. Levons notre face et saluons affectueusement, nobles et gens du commun, tous ensemble et chacun en particulier, saluons actuellement de bon cœur la bonne mère, l'aimable Vierge Marie. »

Mais tout à coup le prédicateur s'arrête ; il essaye en vain de parler ; un pouvoir surnaturel lui en ôte la pensée. Il prie la foule de se retirer, et Nonita reste seule, cachée derrière une colonne. Alors Gildas l'interpelle ; il apprend d'elle la vérité, et faisant rentrer les fidèles, il leur déclare que sa mission est finie ; que cette religieuse porte un enfant qui doit les conduire dans la voie du salut.

« Adieu donc, bonnes gens ! s'écrie-t-il. Je vous laisse aux soins de cet enfant qui est conçu ; je ne resterai plus ici. »

Cependant le démon appelle à lui des tyrans et des magiciens pour détruire le fils de Nonita, qui doit faire prévaloir l'Église contre l'enfer. Ceux-ci se mettent à la poursuite de la sainte ; mais, effrayés par des prodiges, ils s'échappent, tandis que la pieuse femme accouche au milieu de la foudre et des éclairs. Bientôt arrive, pour baptiser l'enfant, un prêtre suivi d'une grande foule. Une fontaine surgit miraculeusement, et il la bénit. « Vraie eau naturelle et primitive, fontaine bonne et aimable, je veux te bénir sûrement, au nom du Père et du Fils et de l'Esprit-Saint, ange du monde, pour que tu sois trouvée toujours pure. Venez avec pompe à la suite de l'enfant, afin qu'il soit baptisé et lavé ; venez à cette heure vers la source. — Et toi, homme aveugle, puisque tu le peux, prends de suite cette eau, n'aie pas de défiance ; elle te donnera la force de te guérir. — Et toi, crois-tu au vrai Dieu et homme qui a souffert tant de fatigues et de peines jusqu'à la froide mort pour te racheter, et qui viendra pour juger les morts et les vivants, lorsque arrivera le dernier jour?

» — Je crois cela parfaitement, répond chacun des parrains, et je me tourne vers Dieu pour en faire l'aveu.

» — Devy, reprend le prêtre, je te baptise avec une foi pure, au nom du Père, du Fils et du Saint-Esprit. Tiens la livrée blanche autour de ton cou et un cierge allumé à la main, pour régner à jamais dans la maison : garde ton baptême et le bon chemin. »

Devy grandit, et sa mère le confie à Paulin pour qu'il soit instruit.

« Je vois sans mentir des choses merveilleuses autour de Devy, s'écrie un des disciples de Paulin; une colombe blanche qui est au-dessus de lui et qui l'instruit saintement. Elle est jolie, et elle descend sur sa tête en chantant. »

Un autre disciple reprend aussitôt: « Il connaît

si bien tous les arts, toutes les études et les prophéties ! il récite si joyeusement les offices ! Devy veut être un grand clerc ; il est si innocent par grâce divine, qu'on ne vit jamais un tel homme. »

Paulin tombe malade ; Devy le guérit, puis ressuscite aussi un troupeau. Cependant Dieu appelle la Mort et l'envoie vers Nonita accablée de vieillesse :
« C'est moi, la Mort, dans cette vallée, qui tue sans pitié tout ce qui a pris naissance en ce monde, roturiers, gentilshommes et gens d'Église, bourgeois aussi bien que paysans. — Vous, religieuse courtoise, votre temps est venu. Je ne serai déloyale envers personne ; je vous frapperai sur le front ; recevez ce coup assuré dans le cœur. »

Nonita meurt, et est présentée à Dieu dans le ciel par les anges qui la félicitent. On lui élève un tombeau sur lequel les plaideurs viennent jurer ; plusieurs font de faux serments et sont punis par une mort ou des infirmités subites.

Mais Devy est devenu célèbre par sa sainteté ; les chanoines de Léon le choisissent pour leur évêque, malgré sa résistance : il fait un grand nombre de miracles, puis la Mort reparaît armée d'un bourdon, comme dans certaines danses macabres; elle le frappe, et les moines se recueillent pour le proclamer *saint*.

Tel est ce mystère de *sainte Nonne*, écrit tout entier en breton. Il se distingue des mystères français de la même époque par un ton plus grave, plus élevé, et par des formes moins puériles. Si l'on n'y trouve aucune grande scène de passion, comme dans les *Quatre Fils Aymon*, *Saint Guillaume* et *Sainte Triphine*, on n'y trouve point non plus les trivialités quelquefois cyniques de ces étranges drames. M. Legonidec s'est astreint à une traduction qui n'est qu'un mot à mot du texte ; on y gagne sans doute en exactitude grammaticale, mais on y perd beaucoup en élégance et en grâce. Après tout, la *Vie de sainte Nonne* pouvait se passer de style, et le mode adopté par le traducteur était peut-être le meilleur pour une œuvre pareille.

ROCHE PERCÉE

DE LA BAIE DE DINAN

Les côtes du Finistère offrent des aspects aussi variés que bizarres, mais c'est surtout à partir de la rade de Brest et en suivant le rivage jusqu'à Quimper, que les sites sauvages, les perspectives immenses, les accidents de rochers terribles ou étranges se succedent sans interruption. Vous rencontrerez d'abord la presqu'île de Quélern, qui, rongée des deux côtés par la mer, et réduite à un squelette de pierre, semble devoir se démolir au premier jour, comme un navire échoué sur un récif. D'immenses fissures se font tous les ans dans le terrain, qui se trouve élevé à plus de deux cents pieds au-dessus de la mer ; elles s'élargissent lentement, formant des abîmes sans fond, coupés en coups de foudre et fort dangereux. Une patrouille de nuit y a été engloutie, il y a environ cinquante ans. Au bout d'un temps plus ou moins long, les parties du terrain ainsi séparées de la presqu'île s'en détachent complétement et tombent dans la mer. Un de ces éboulements gigantesques a eu lieu il y a un siècle.

De la presqu'île de Quélern si l'on continue jusqu'à Camaret, on rencontre le Toulinguet, puis, plus loin, la baie de Dinan, dans laquelle se trouve la curieuse Roche percée. Ce rocher est connu dans le pays sous le nom de *Château de Dinan*. Il s'élève à l'une des extrémités de la baie et est joint à la terre par une sorte de pont naturel percé de deux arches, l'une ogivale, l'autre à plein cintre. Cette dernière n'a pas moins de cinquante pieds d'élévation. La mer a creusé sous ces voûtes des grottes profondes qui présentent les mêmes beautés et les mêmes variétés de couleurs que la grotte de Morgat ; malheureusement, il est fort difficile de descendre la côte pour les visiter. Les rocs, polis par l'action continuelle des flots, semblent couverts d'un verglas éternel, et ce n'est qu'au moment de la marée basse qu'il est possible d'arriver jusqu'aux grottes. Encore faut-il que le temps soit calme, car le vent a, sur cette côte, une telle violence, que l'on ne pourrait y descendre lorsqu'il souffle sans s'exposer à être enlevé et précipité dans l'abîme. Sur le promontoire même, on a peine à se tenir debout lorsque la brise s'élève. La mer passe alors sous la grande arche avec un grondement terrible, pour aller remplir la baie, et elle vous couvre en passant de sa pluie d'écume.

A la pointe des Pois, peu éloignée de la Roche percée, la vue s'étend sur des brisants innombrables, qui forment dans la mer mille dessins, et contre lesquels la vague se divise sous mille apparences capricieuses. Tantôt elle s'épanouit en gerbe et retombe en pluie scintillante ; tantôt elle s'avance en élevant sa tête houleuse et monte le long des pentes des promontoires, semblable à une cavale marine qui sortirait des eaux ; tantôt, comme une avalanche, elle roule avec un bruit horrible, et engloutit sous sa masse l'écueil isolé qui s'élève au milieu ; tantôt, enfin, elle court verte, longue et rapide, et s'enfonce, ainsi qu'un projectile, dans la profonde fissure du rocher où on l'entend éclater.

Mais au Toulinguet, dont nous avons déjà parlé plus haut, tous ces effets variés se réunissent dans l'étroit espace que peut embrasser un seul coup-d'œil ; aussi cette pointe est-elle la plus curieuse de toute la Bretagne. La parole s'épuise à raconter tant de sauvages merveilles, et l'on renonce malgré soi à les peindre. Il faut avoir vu ces hauts caps de granit tapissés d'une rare bruyère, que parsèment de loin en loin quelques gazons marins et quelques roses pimprenelles ; ces vieux forts qui découpent sur le gris du ciel leurs murs jaunes, et où dorment couchés dans l'herbe les canons sans affûts ; ces flots dont l'éternelle écume brode la robe bleue de la mer ; il faut avoir entendu, pendant plusieurs heures, les gémissements tristes de la rafale sur les dunes, avoir été étourdi par les hurlements des vagues ; il faut avoir éprouvé par soi-même quelles choses passent devant les yeux et étonnent les oreilles sur ces dernières limites du vieux monde, pour que des mots puissent vous rappeler quelques traits de cet inexprimable spectacle.

SAINT HILAIRE

La vie de saint Hilaire résume à elle seule toute une époque de l'histoire dans les Gaules. Nul homme dans l'Église, en effet, ne personnifia à un aussi haut degré, dans ce pays, l'esprit orthodoxe luttant contre l'arianisme.

Ceci demande quelques explications préliminaires.

Arius, né dans la Libye Cyrénaïque, avait émis sur la Trinité, vers le commencement du IVe siècle, une idée contraire à celle acceptée jusqu'alors par l'Église : au lieu d'admettre l'unité de substance dans les trois personnes divines, il soutint que *le Christ était une pure créature tirée du néant, et que le nom de Dieu ne lui convenait que par anticipation, comme à toutes les autres créatures douées de grâces extraordinaires.*

Cette hérésie, longtemps combattue, fit pourtant un grand nombre de prosélytes. Après la mort d'Arius, sa doctrine envahit presque tout l'Occident, et les ariens commencèrent à persécuter les catholiques avec une aveugle fureur.

Ce fut alors que saint Hilaire se mit à la tête de ces derniers pour résister aux ennemis de la foi.

Hilaire était né à Poitiers, dans les premières années du ive siècle, de parents nobles, mais païens. Il reçut une instruction variée. Le hasard ayant fait tomber entre ses mains les livres des apôtres, il fut persuadé et se fit chrétien. Il était marié, de sorte que sa conversion entraîna celle de sa femme et de sa fille, nommée Abre. Vers 352, les habitants de la ville de Poitiers le choisirent pour évêque, bien qu'il fût encore engagé dans les liens du mariage, et dès lors il devint, comme nous l'avons dit plus haut, le chef des prélats orthodoxes dans la guerre qu'ils soutenaient contre les ariens.

L'empereur Constance protégeait ces derniers; saint Hilaire lui adressa une requête par laquelle il le suppliait de faire cesser les persécutions contre l'Église catholique. Il se rendit ensuite au concile de Béziers pour défendre la même cause ; mais les ennemis de la foi, qui étaient en majorité, l'exilèrent en Phrygie avec Radane, évêque de Toulouse. Rappelé au concile de Séleucie, en 359, il proclama de nouveau la *consubstantialité* du Christ, puis se rendit à la cour de l'empereur pour lui présenter une seconde requête, par laquelle il demandait à combattre, dans une conférence publique, Saturnin d'Arles, auteur de son exil. Ses adversaires, qui redoutaient son éloquence, voulurent éluder la proposition en lui faisant ordonner de retourner dans la Gaule; mais, avant de partir, Hilaire adressa à l'empereur Constance sa fameuse *Invective*, où la conviction revêtait les formes les plus vives, les plus émouvantes.

« Il est temps de parler, disait le saint évêque, car l'heure du silence est passée. Que les pasteurs fassent retentir leurs voix, car les mercenaires ont pris la fuite. Exposons notre vie pour nos brebis, puisque les scélérats ont pénétré dans le temple, puisque le lion déchaîné nous menace de sa fureur; courons au martyre ces paroles à la bouche, car l'ange de Satan s'est transformé dans l'ange de lumière. . . . .

» Pourquoi, mon Dieu, ne m'avez-vous pas fait naître du temps des Dèce et des Néron ! Avec quel amour, aidé de votre toute-puissante grâce, n'aurais-je point bravé les supplices pour la gloire de votre saint nom ! Devant les chevalets, je me serais rappelé le prophète Isaïe. La flamme des bûchers eût reproduit à mon esprit le courage des trois jeunes Hébreux chantant au milieu de la fournaise de Babylone.

» Rien ne m'eût effrayé, ni la croix et le brisement des os du larron à qui vous ouvrites les portes du ciel, ni l'immensité des gouffres de la mer, ni ses tempêtes; j'aurais envié de terribles combats contre vos ennemis les plus déclarés. — Alors, plus de doutes sur les persécuteurs ; c'était au milieu des supplices, sous la menace du glaive, en face des échafauds, que la foi chrétienne se révélait dans toute sa gloire. En présence d'un tel spectacle, les peuples eussent suivi sans crainte nos traces et marché sous une bannière commune. Mais aujourd'hui, nous avons à combattre un persécuteur hypocrite, un ennemi qui n'a d'autres armes que la ruse et la séduction : en un mot, Constance l'antechrist. Il ne frappe pas, il caresse; ses cachots à lui, loin d'affranchir des maux de la vie présente, sont des palais où l'on rampe dans la servitude ; il respecte la vie pour déshonorer le cœur; le glaive ne menace plus les têtes, mais son or tue la foi. Des bûchers ne sont pas dressés sur les places publiques, et cependant il creuse sourdement l'enfer sous nos pas. Il confesse le Christ, afin de pouvoir le nier ; prêche l'union, de peur que la paix ne se rétablisse. . .

» Ton nom, ô divin Jésus, est sur ses lèvres, tandis que, par sa conduite, il cherche à t'enlever ainsi qu'à ton Père votre divinité ! Que la calomnie ne nous accuse donc pas de mensonge ; car qui doit parler le langage de la vérité, si ce n'est ses propres ministres ? Si ces accusations sont fausses, que l'infamie retombe sur ma tête ; si elles sont vraies, on ne peut pas nous accuser d'avoir franchi les limites de la liberté ni de la sagesse apostolique...

» Tu embrasses les prêtres du Christ, afin de mieux les trahir, comme il l'a été lui-même par un baiser perfide ; tu les admets à ta table, en te rappelant que ce fut au sortir de la table que Judas alla vendre son maître. Tu enrichis d'or le sanctuaire, et tu lui arraches ses ministres ; tu oublies les droits dus à César, pour enlever ceux dus à Dieu. Voilà la peau de brebis ; mais le cœur du loup, c'est aux œuvres qu'on le reconnaît. . . . .

» Je t'adresse à toi, Constance, les mêmes paroles qu'eussent entendues de moi Néron et Décius ; tu combats contre Dieu, tu t'acharnes contre l'Église, tu persécutes les saints confesseurs du Christ, tu n'es déjà plus le tyran des hommes, mais des choses divines. Tous ces actes te sont communs avec eux.

. . . .

» Écoute donc la sainte intelligence de ces paroles : vois l'Église agitée de toutes parts ; souviens-toi de la foi de ton père ; considère la réprobation générale que soulève l'hérésie arienne ; et comprends bien que tu es l'ennemi de la religion divine et des hommes qui la soutiennent, et qu'en cela tu te montres l'héritier traître et infidèle de la piété de ton père. »

Comme on le voit, saint Hilaire ne ménage ni les expressions ni les anathèmes. Pour lui, l'empereur est un *antechrist, un corrupteur, un loup, un Judas, un Néron, un tyran des hommes et de Dieu, un traître et un infidèle.* C'est là ce que M. Tabaraud, dans son article sur saint Hilaire (Biographie universelle), appelle des *vérités qui ne pouvaient porter atteinte à la soumission que l'on devait à l'empereur !* Évidemment M. Tabaraud n'a point lu l'*Invective*, ou a été égaré par le désir de présenter saint Hilaire comme un *sujet fidèle*.

Quoi qu'il en soit, Constance ne sévit point contre celui qui l'attaquait avec tant de violence, preuve

éloquente du pouvoir conquis par les évêques ! C'est
que déjà, à côté de l'autorité matérielle dont les
empereurs étaient chefs, s'était élevée une autorité
morale, indépendante de la première, et confiée tout
entière aux mains du clergé qui l'avait fondée. Le
clergé était le représentant et le défenseur de tous
les instincts véritablement *humains*. Entretenant les
sentiments de justice, d'abnégation, de miséricorde,
et, jouant parmi les peuples le rôle de la femme dans
le ménage, il était la consolation et l'amour du
faible. Aussi tous les prélats éminents de cette
époque furent-ils des saints ; des saints non-seulement aux yeux de tout croyant, mais aux yeux de
tout homme ; des saints, parce qu'ils sauvèrent ce
qu'il y avait de plus précieux pour l'humanité dans
ce grand naufrage de l'ancienne société. C'est surtout sous ce point de vue que l'histoire de l'Église
a un intérêt philosophique et universel. Quelles que
soient les convictions, on est saisi d'admiration devant ces sublimes vieillards, ermites, moines ou
évêques, dont on retrouve partout la trace. Ils semblent là pour protester contre les fatalités brutales

des faits, et constater que l'humanité n'a point perdu son âme.

Ces premiers siècles du christianisme sont des siècles de luttes. Alors les cœurs religieux sont des cœurs de soldats ; ils fondent l'Église en bâtissant d'une main et combattant de l'autre ; un peu plus tard, quand l'édifice sera élevé, nous verrons succéder à l'esprit militant l'esprit de retraite ; aux Pères de l'Eglise, les solitaires uniquement occupés de la perfection individuelle. Ceci est la réaction naturelle, la suite nécessaire du dévouement expansif des premières années du christianisme. C'est à cette seconde époque que naît le mysticisme systématisé, prescrit, réglementé pour ainsi dire : et le Poitou nous fournira encore une étude curieuse à ce sujet, car s'il célèbre dans saint Hilaire la personnification de l'Église militante, il nous montre un peu plus tard, dans sainte Radegonde, une personnification de l'Église contemplative.

Après avoir lancé son *Invective* contre l'empereur, saint Hilaire regagna Poitiers, en traversant la Gaule, au dire de saint Jérôme, « comme un vainqueur qui revient en triomphe du combat ; » la foule l'accompagnait de ses acclamations ; on se mettait à genoux sur son passage pour recevoir ses bénédictions ; une jeune Italienne quitta même sa famille pour suivre le saint évêque jusqu'à sa résidence, et, comme on la pressait de retourner près de son père, elle répondit :

— Celui-là est véritablement mon père, qui m'a communiqué une vie nouvelle.

La gloire de saint Hilaire se répandit dans tout le monde chrétien, et se maintint longtemps : *Quis ignorat Hilarium episcopum gallum*, disait saint Augustin ; tandis que saint Jérôme, en parlant de sa parole impétueuse, entraînante, l'appelle *le Rhône de l'éloquence latine*, et que Sozomène le désigne sous le nom d'*invincible défenseur de la foi de Nicée*. C'était, en effet, au concile de Nicée que l'opinion contraire à celle d'Arius avait été déclarée orthodoxe et véritable.

Saint Hilaire mourut vers 366. Outre deux requêtes à l'empereur et l'*Invective*, il a écrit un *Traité des Synodes*, les *Douze Livres de la Trinité*, des *fragments* contre Ursace et Valence ; des *chapitres* d'un grand traité sur l'arianisme ; un *commentaire sur les Psaumes*, dont on n'a qu'une partie. « Il y suit, dit M. Tabaraud, la méthode d'Origène, chez lequel il a beaucoup puisé, sans le citer, sans doute à cause des préjugés que l'on avait alors contre lui. En général, pour bien entendre les écrits de saint Hilaire, il faut avoir un grand usage des termes théologiques des Grecs, qu'il transporta le premier dans la langue latine. Il avait quelque teinture de l'hébreu, savait le grec et connaissait parfaitement les auteurs profanes. Il est le premier des Latins qui ait pris la défense de la *consubstantialité* du Christ. »

L'arianisme, si vigoureusement combattu par saint Hilaire, se perpétua parmi les Vandales, les Goths, les Bourguignons et même les Franks. La conversion de Clovis le fit à peu près disparaître chez ces derniers ; mais à l'époque de la réforme de Luther, la question de la *consubstantialité* du Christ fut de nouveau soulevée et donna lieu à de nouvelles manifestations de la doctrine d'Arius. On peut citer parmi les hommes célèbres qui, à différentes époques, ont partagé cette opinion, le malheureux Servet, Locke, Newton, Clarke, Leclerc, Sandius, Capitou, Cellarius. Dans le dernier siècle, les progrès de cette croyance furent si marqués en Angleterre que l'on établit, pour la combattre, une institution semblable à celle que Bayle avait formée dans le siècle précédent, pour combattre l'athéisme.

L'AUTOMNE

Le soleil couchant dore les toits aigus du vieux château ; la brise du soir court dans les ombrages que l'automne commence a diaprer de ses opulentes couleurs ; la châtelaine a fait atteler sa calèche, qui roule doucement sur les gazons des avenues, tandis que son fils se penche pour saisir les branches pendantes, et que sa jeune sœur galope près de la portière.

La première, elle a aperçu au loin le maître du logis, dont les chiens aboient le long des brandes.

Femme et enfants ont mis aussitôt pied à terre, et, par une route de traverse, tous viennent de rejoindre le chasseur, qui étale à leurs pieds son butin. L'enfant regarde avec une admiration étonnée; la mère écoute, en souriant, le récit des prouesses cynégétiques du mari.

Facile et heureuse vie, où le temps n'est qu'un espace ouvert au plaisir! où le besoin n'est point toujours sur le seuil, comme un cocher importun qui nous presse de partir! Ici, les heures coulent livrées aux douces fantaisies! On ne demande à l'arbre que son ombrage, à l'eau que son murmure, à la campagne que ses parfums! Le cheval qui emporte l'amazone, le chien qui bat les buissons, le fusil qui brille aux mains du gentilhomme campagnard ne sont point des instruments de gain, mais de divertissement. Les devoirs mêmes semblent des chaînes dorées, dont vingt serviteurs allègent le poids. L'existence ressemble à ce beau parc caché derrière la colline, et d'où l'on a fait disparaître les landes arides qui fatiguaient l'œil, et les ronces qui entravaient le chemin.

Allez donc, ô vous, les favorisés de la terre! marchez librement dans votre opulence et jouissez pleinement de votre joie! Mais n'oubliez pas que pendant que vous les cueillez d'une main nonchalante, d'autres enfants de Dieu fécondent les champs de leurs sueurs. Près de l'amazone qui aime à fendre la brise, de la châtelaine qui se berce au balancement d'un moelleux équipage, et du chasseur enorgueilli de sa proie, passent les vendangeuses chargées de raisins, pour qui la vie est une tâche et le temps un revenu.

Celles-là ont aussi leur place dans le monde. Ces deux goupes résument l'histoire terrestre. Il semble que, du milieu de cette scène, un chœur s'élève, partagé, comme le chœur antique, en deux chants qui se répondent. Ici retentit le chant du travail :

« Béni soit celui qui nous a donné les fruits de la terre à cultiver et à cueillir !

» Sa création est un grenier d'abondance dont il nous a fait les gardiens.

» C'est nous qui préparons le pain des hommes et qui remplissons leurs coupes ; le flot de vie jaillit entretenu par nos efforts, qui l'épandent partout sur le monde.

» Et en payement de nos talents, il nous a donné l'air libre des champs, le travail qui allége la vie et la santé qui le rend facile. »

Puis le second chant répond :

« Béni soit celui qui nous a accordé les loisirs dans lesquels l'esprit se féconde et l'âme s'éclaire :

car, grâce à lui, nous pouvons être les soutiens du pauvre et les éducateurs de l'ignorant !

» Dieu nous a accordé la richesse, comme un dépôt dont il faudra lui rendre compte ; il nous a fait les distributeurs de ses bienfaits et les agents invisibles de la Providence.

» S'il nous a donné les jours exempts de labeurs, s'il a allégé pour nous la chaîne de la nécessité ; s'il nous a préservés de l'endurcissement et de la misère, c'est qu'il a voulu que nos mains fussent toujours assez libres pour se tendre vers le faible, nos forces assez entières pour les donner aux autres, notre cœur assez chaud pour consoler.

» Venez donc à nous, ô vous tous qui souffrez, qui ne savez pas, et qui êtes fatigués ! »

Et il semble que les deux chants se confondent pour reprendre ensemble :

« Avec la bure ou avec la soie, sous le chapeau de velours ou avec la coiffe de paysanne, soyons fidèles à la mission que Dieu nous a donnée, et souvenons-nous de celui qui nous a dit : *Aimez-vous les uns les autres !* »

FIN

TABLE

Kemper — La ville d'Is.	1
Chateaulin — Kemper — Concarneau — Penmarc'h — Pont-l'Abbé.	45
Les Pardons en Bretagne.	61
Traditions de la Bretagne.	73
Le Pardon d'Auray (Morbihan).	99
Costumes bretons.	117
Nantes.	153
Institutions populaires.	201
Destruction des vieux monuments.	217
Un Mystère breton.	229
Roche percée de la baie de Dinan.	243
Saint-Hilaire.	249
L'automne.	261

B̶ ❌ 46

www.ingramcontent.com/pod-product-compliance
Lightning Source LLC
Chambersburg PA
CBHW050331170426
43200CB00009BA/1546